KERZEN

selber machen

KERZEN
selber machen

PAUL MARKO UND DEBBIE DAVIS

Nebel
RATGEBER

Titel der Originalausgabe: Candlecraft
Übertragung aus dem Englischen: Dieter Krumbach
Lektorat: Sabine Raab

ISBN 3-89555-251-8

1 2 3 4 5 3 2 1 00 99

Herstellungsleitung: Rebecca Kingsley
Redaktion: Sarah Harris
Gestaltung: Bruce Low
Fotos: Ian Hessenberg

Inhalt

Einleitung

Heute gibt es eine fast unüberschaubare Vielfalt von Kerzen – von teuren Bienenwachs-Produkten für festliche Anlässe bis hin zu bunten Kerzen in allen möglichen Formen und Größen. Man kann sich kaum vorstellen, dass schon die alten Ägypter vor rund 5000 Jahren Kerzen verwendeten! Jene sahen allerdings völlig anders aus als unsere – sie erinnerten eher an brennende Fackeln. Und statt Wachs verarbeiteten die Ägypter eine Mischung aus Talg und Schilfgras.

Auch die Römer stellten ihre Kerzen aus Talg her, doch erfanden sie den Docht – den die Ägypter noch nicht gekannt hatten. Die römischen Kerzen fanden in Tempeln und anderen Kultstätten Verwendung. Reiche Bürger hatten sie auch in ihren Häusern. Talgkerzen verursachten viel Rauch und Gestank und brannten schlecht. Als daher im Mittelalter die ersten Produkte aus Bienenwachs aufkamen, stellte das einen echten Fortschritt dar. Bienenwachs-Kerzen brennen gleichmäßig ab und duften angenehm. Ihr Nachteil war früher die sehr zeitaufwändige und damit teure Herstellung.

Im Mittelalter waren Kerzen bereits in den unterschiedlichsten Formen in Gebrauch und fast über die ganze Erde verbreitet. Doch die Herstellungstechniken unterschieden sich. Die Japaner hatten eine recht unangenehme Technik: Sie gewannen Wachs, indem sie die entsprechenden Insekten auskochten. Im Mittelmeerraum war Olivenöl der Hauptbestandteil der Kerzen, während man in Amerika Wachs aus gekochten Beeren ge-

wann. Doch hatten diese Kerzen zwei grundlegende Nachteile. Zum einen war ihre Flamme unberechenbar und sie brannten schlecht, zum andern war ihre Herstellung sehr teuer.

Erst im 19. Jahrhundert wurde die Kerzenherstellung billiger. Im Jahr 1825 entwickelte der Franzose Cambaceres einen geflochtenen Docht, der das Problem schlecht brennender Flammen endgültig löste. Nun hatte der Docht beim Abbrennen der Kerze immer die richtige Länge und erzeugte so eine gleichmäßige Flamme. Davor hatte der Docht aus nur einem Faden bestanden; er musste in regelmäßigen Abständen gekürzt werden – oft jede halbe Stunde.

Mit dieser neuen Dochtform wurden die Kerzen zwar viel effizienter, doch konnten die Kerzenmacher noch immer keine großen Stückzahlen herstellen. Jede Kerze war Handarbeit – eine zeitaufwändige Angelegenheit. Doch veränderte die industrielle Revolution in dieser Zeit auch den Prozess der Kerzenherstellung: Im Jahr 1834 erfand Joseph Morgan eine Maschine, die 1500 Kerzen in der Stunde gießen konnte. Das war ein gewaltiger Fortschritt in einer Zeit, als es noch kein elektrisches Licht gab. Nun konnten sich auch ärmere Haushalte Kerzenlicht leisten!

Ein vielleicht noch größerer Fortschritt war der Ersatz des Bienenwachses durch Paraffin, ein Nebenprodukt, das bei der Erdölraffinie-

rung anfällt. Paraffin verbrennt wie Bienenwachs sauber und geruchsfrei – und es hat einen entscheidenden Vorteil: die Produktionskosten und somit der Preis sind viel niedriger. Als in den nächsten Jahrzehnten das elektrische Licht aufkam, verloren Kerzen natürlich bald ihre Bedeutung als Leuchtmittel. Sicher sind Kerzen in einigen abgelegenen Regionen der Erde noch als Lichtquelle wichtig, doch sind Kerzen heute eher ein Ziergegenstand, der beim Abbrennen eine angenehme Atmosphäre erzeugen soll. Doch auch heute noch hat sicher fast jeder Haushalt ein paar Kerzen in Reserve – falls der Strom einmal ausfällt.

Da Kerzen in unserer Geschichte eine so große Rolle gespielt haben, tauchen Sie auch immer wieder in der Literatur auf. Shakespeare verwendete oft Metaphern mit Kerzen. Ein besonders berühmtes Beispiel findet sich in *Macbeth*, wo das Niederbrennen einer Kerze als Bild für das Vergehen der Zeit steht: „Gleich geht sie aus, denn das Leben ist nur ein wandernder Schatten, ein armer Schauspieler auf der Bühne des Lebens, der lautlos erlischt."
Und im *Kaufmann von Venedig* lässt er Portia verkünden, die „kleine Kerze werfe ihren Widerschein so weit wie eine gute Tat in die Welt hinausstrahle".

Die heutige Massenproduktion von Kerzen bringt es mit sich, dass wir alle nur erdenklichen Formen, Größen und Farben kaufen können – von edelsten Schöpfungen für festliche Anlässe bis zu „moderner Kunst“. Man könnte glauben, dass die Kunst der Kerzenherstellung von Hand veraltet ist, doch ist eher das Gegenteil der Fall. Designer schaffen heute herrliche und sehr originelle Kerzen und auch immer mehr Menschen machen die Kerzenherstellung zu ihrem Hobby.

Egal, ob Massenproduktion oder Handarbeit – die Prinzipien der Kerzenherstellung haben sich in den letzten Jahrhunderten nicht geändert. In diesem Buch möchten wir Ihnen zeigen, worauf es ankommt, wie Sie Ihre Ideen umsetzen können und welche Materialien Sie dazu benötigen. Sie erlernen alle notwendigen Techniken und Anleitungen für bestimmte Kerzenformen und für die verschiedensten Anlässe. Und nun viel Spaß beim Ausprobieren!

K A P I T E L 1

Zu Ihrer Sicherheit

Genauso wie beim Kochen sind bei der Herstellung von Kerzen einige Regeln zu beachten, damit kein Unfall oder Missgeschick passiert. Wenn Sie sich an die nachstehenden Grundsätze halten, werden Sie sicher viel Freude an Ihrem Hobby haben.

- Tragen Sie immer alte Arbeitskleidung. Die Arbeitsflächen sollten mit Zeitungspapier abgedeckt werden. Teppiche sollten Sie auf jeden Fall mit Tüchern schützen.

- Halten Sie einen Stapel alte Zeitungen in Reichweite. Sie brauchen sie, falls Sie einmal Wachs daneben gießen.

- Der Arbeitsplatz sollte nicht zu klein sein. Wenn er aufgeräumt und sauber ist, macht Ihnen das Kerzenherstellen noch viel mehr Spaß.

- Arbeitsmaterial und Werkzeuge sollten in Reichweite liegen. Wenn die Sucherei erst einmal losgeht, haben Sie Ihr Projekt vielleicht schon verpfuscht.

Seien Sie beim Ausgießen von Wachs vorsichtig, damit es keine Flecken gibt!

Wie geht man mit Wachs um?

Wenn Sie Wachs verarbeiten, seien Sie so vorsichtig, als würden Sie mit Bratöl hantieren. Wenn es unter 100 °C heiß ist, ist es relativ sicher. Bei höheren Temperaturen beginnt es jedoch zu verdampfen, wobei es leicht in Brand geraten kann.

Legen Sie daher, wenn Sie Wachs schmelzen, immer ein Thermometer in den Schmelztopf.

Lassen Sie schmelzendes Wachs nie unbeaufsichtigt!

Wenn Wachs zu heiß wird, beginnt es zu dampfen und bekommt einen beißenden Geruch. Stellen Sie dann die Herdplatte sofort ab und lassen Sie das Wachs abkühlen.

Im Notfall:

- Herdplatte/Gasflamme ausschalten
- Gefäß mit dem Wachs nicht bewegen
- Flammen mit einem Topfdeckel oder mit einem feuchten Tuch ersticken
- Auf keinen Fall Wasser auf die Flammen schütten – Sie machen es nur schlimmer!

Wenn Sie mit Ihrer Arbeit fertig sind, gießen Sie auf keinen Fall flüssiges Wachs in den Abfluss. Am besten kippen Sie Wachsreste z. B. in eine alte Backform. Noch bevor es ganz hart ist, schneiden Sie es in Würfel. So können Sie es beim nächsten Mal leicht wieder verwenden.
Sie können es statt dessen aber auch in eine leere Milchpackung gießen. Weil diese Verpackungen innen beschichtet sind, lässt sich das Wachs zu einem späteren Zeitpunkt leicht wieder herausnehmen.

Von Metall lässt sich Wachs sehr leicht entfernen.

Wenn Wachs verschüttet wird:

Falls Ihnen Wachs auf die Kleidung oder einen Teppich gerät, lassen Sie es erkalten. Dann schaben Sie zuerst vorsichtig das Wachs auf der Oberfläche ab. Das übrige Wachs entfernen Sie, indem Sie ein Löschpapier über den Wachsfleck legen und mit einem heißen Bügeleisen andrücken.

Wachs auf Metall und Kunststoff:
Stellen Sie den Gegenstand ins Kalte, bis das Wachs spröde wird. Dann kann man es sehr einfach von der Oberfläche abbröckeln.
Sie können den Gegenstand auch in sehr heißes Wasser tauchen. Dann schmilzt das Wachs und steigt an die Wasseroberfläche.

Bei kleineren Wachsspritzern verwendet man am besten Spiritus oder Terpentin, um das erkaltete Wachs aufzulösen.

Nützliche Tipps

Lassen Sie eine brennende Kerze nie unbeaufsichtigt.

Stellen Sie Kerzen immer auf einen nicht-brennbaren Kerzenständer und aus der Nähe von brennbaren Gegenständen.

Wenn Sie einen Kerzenhalter aus Messing verwenden, achten Sie darauf, dass bei gefärbten Kerzen das Wachs nicht auf die Messingoberfläche läuft.

Stellen Sie Kerzen nicht ins volle Sonnenlicht, damit die Farben nicht ausbleichen.

Flecken oder Staub auf einer Kerze können entfernt werden, indem man sie mit einem Stück Nylonstrumpf poliert. Auf diese Weise bekommt eine Kerze auch wieder ihren ursprünglichen Glanz, der am Kerzenende durch die Hitze der Flamme verblasst.

Wenn Sie Kerzen im Kühlschrank aufheben, brennen sie länger. Doch dürfen sie nicht feucht werden. Kerzen gehören jedoch nicht in die Kühltruhe – dort würden sie brechen.

Brennen Sie Kerzen nur in zugfreien Räumen ab. Selbst eine als nicht tropfend deklarierte Kerze fängt an zu tropfen, wenn sie im Zug steht, weil sie dann ungleichmäßig niederbrennt. Wenn das passiert, drücken Sie den Docht dort gegen die Kerze, wo das Wachs am höchsten steht. Eventuell geht sie durch das abschmelzende Wachs erst einmal aus, doch nach einer Weile brennt sie wieder gleichmäßig.

Um eine Kerze ohne Rauch auszulöschen, tauchen Sie den Docht mit einem Metallgegenstand kurz in das geschmolzene Wachs.

Wenn Sie eine Kerze ausblasen, schützen Sie die Flamme mit der hohlen Hand. Sie vermeiden damit, dass kleine Wachsspritzer entstehen.

Kürzen Sie nie den Docht einer kalten Kerze, da er dann sehr leicht falsch abbricht. Wenn er zu tief abgebrochen ist, müssen Sie eventuell eine Schicht Wachs wegschneiden, damit die Kerze wieder brennen kann.

KAPITEL 2

Werkzeug und Materialien

Bevor Sie Kerzen nach den Anleitungen in diesem Buch herstellen, benötigen Sie einige Werkzeuge und Hilfsmittel. Sie kosten nicht viel und sind problemlos erhältlich. Wenn Sie zunächst kein Geld dafür ausgeben wollen, suchen Sie einmal in Ihrem Haushalt – viele geeignete Werkzeuge oder zumindest brauchbare Alternativen sind sicher schon vorhanden!

■ ■ ■

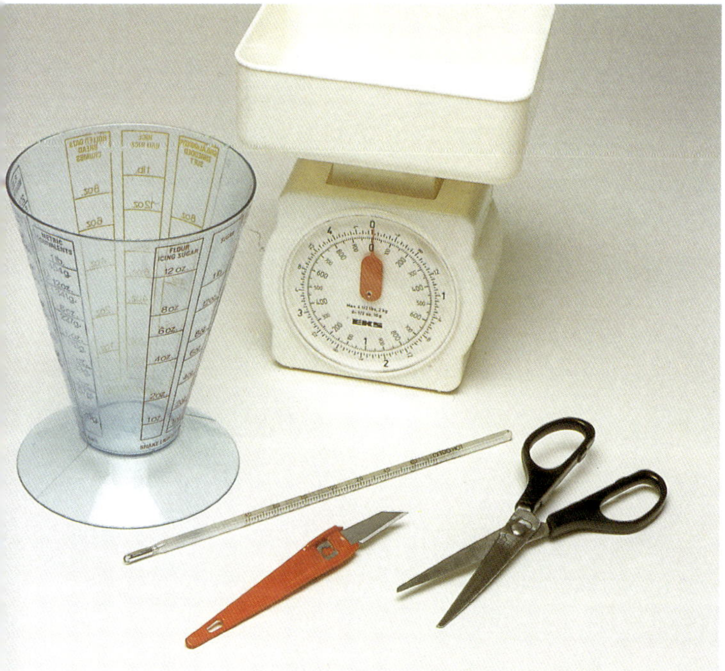

Nützliche Hilfsmittel: Küchenwaage, Messbecher, Thermometer, scharfes Messer, Schere

WÄRMEQUELLE

Paraffin oder Wachs schmelzen Sie am besten auf dem Herd. Wenn Sie im Freien oder in einem Werkraum arbeiten, eignet sich ein Campingkocher ebenfalls sehr gut. So bleibt die Küche sauber!

THERMOMETER

Um die Temperatur des schmelzenden Wachses zu messen, verwenden Sie am besten ein spezielles Wachsthermometer, das Temperaturen bis 180 °C anzeigen kann.

SCHMELZGEFÄSS

Hierfür eignet sich am besten ein Doppeltopf aus Edelstahl oder Aluminium. Innen wird das Wachs eingefüllt, außen Wasser zum

Tauchgefäß

Kochen gebracht. Sie können natürlich auch zwei verschieden große Töpfe für ein Wasserbad ineinander stellen. Achten Sie darauf, dass sie nicht umkippen und heißes Wasser und flüssiges Wachs ineinander fließen. Wenn Sie Wachs in einem Gefäß mit kochendem Wasser schmelzen, passen Sie auf, dass das Wachs nicht zu heiß wird.

MESSEN UND WIEGEN

Um die benötigten Mengen an Wachs und anderen Materialien abzumessen, verwenden Sie am besten die üblichen Küchenwaagen und Messgefäße.

DOCHTNADELN

Sie werden benötigt, um die Dochte in die Formen einzuziehen. Auch können Sie hiermit den Docht unten an der Gussform befestigen, bevor das Wachs eingefüllt wird. Dochtnadeln sind meistens aus Stahl und haben eine Länge zwischen 10 und 25 cm.

TAUCHGEFÄSS

Dies ist ein hohes, zylinderförmiges Gefäß, in das das geschmolzene Wachs eingefüllt wird. Es muss hoch und breit genug sein, um die Kerze völlig eintauchen zu können. Professionelle Tauchgefäße aus Metall sind oft in Hobbygeschäften erhältlich. Wenn Sie einen Spargeltopf haben, tut dieser es auch – oder Sie legen sich schon einmal einen für die nächste Spargelsaison zu...

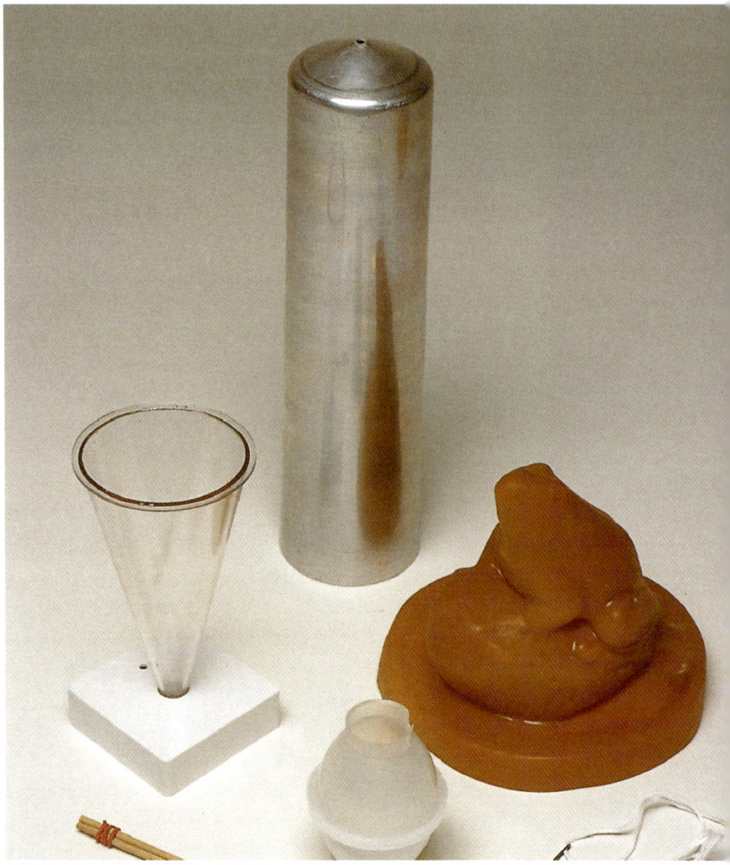

Gießformen aus Kunststoff, Metall und Gummi; Dochtnadel, Docht und Dochthalter

Oben: Bienenwachs kann man in Scheiben oder Platten kaufen, Paraffin u.a. in kleinen Perlen und als Granulat.

Messbecher

Um festzustellen, wie viel Wachs Sie für eine Kerzenform benötigen, gießen Sie zuerst Wasser in die Form und dieses anschließend in einen Messbecher um. Für je 100 Milliliter Wasser rechnen Sie 72 Gramm Wachs.

Unten: Statt eines Doppeltopfs tut es für den Anfang auch ein normaler Kochtopf.

Weitere nützliche Hilfsmittel

Waschschüssel zum Abkühlen der Kerzen
Alte Zeitungen oder Küchenpapier zum Sauberwischen
Scharfes Messer zum Wachsschneiden
Scharfe Schere zum Dochtschneiden
Alter Löffel zum Glätten des Wachses
Alter Holzlöffel, um Farbstoff in das flüssige Wachs zu rühren
Kleines Gewicht, damit eine volle Kerzenform im Wasser keinen Auftrieb bekommt
Alte Milchpackungen für überflüssiges Wachs
Butterbrotpapier
Alufolie
Alte Alu-Kuchenformen
Kleine Messlöffel
Lösemittel

KAPITEL 3

Wie Sie mit diesem Buch arbeiten

Dieses Buch soll Sie mit allen Techniken der Kerzenherstellung anhand verschiedener Anleitungen vertraut machen. Der Schwierigkeitsgrad nimmt von Kapitel zu Kapitel zu, angefangen bei einfachen einfarbigen Kerzen bis zu komplizierten Formen und Effekten. Einige Anleitungen sind ganz leicht, andere erfordern einige Geduld und eventuell auch mehrere Anläufe. Wenn Sie eine Technik erlernt haben, können Sie natürlich auch Ihre eigenen Ideen verwirklichen. Alle Anleitungen sind in anschaulichen Schritten erklärt und durch Fotos illustriert, oft auch begleitet von weiteren Tipps und Hinweisen. Bei jeder Anleitung zeigen wir Ihnen, wie Sie Ihre Kerze am besten zur Wirkung bringen oder wie Sie mit der gleichen Technik aufwändigere Kerzen herstellen können.

Am Schluss des Buches gehen wir noch auf die häufigsten Fehler ein, die beim Kerzenherstellen gemacht werden, und zeigen, wie sie nachträglich behoben werden können. Die meisten Anleitungen erfordern nicht viel Aufwand und kommen mit billigen Hilfsmitteln und Materialien aus. In Kapitel 8 stellen wir Ihnen jedoch Techniken für Fortgeschrittene vor, die auch speziellere Werkzeuge erfordern. Hier ist dann auch Ihre Phantasie und Fertigkeit gefragt.

Nun wünschen wir Ihnen nur noch gutes Gelingen bei allen Anleitungen – und denken Sie daran, dass zu jedem Kunsthandwerk eine Portion Kreativität und Improvisationsvermögen gehört. Experimentieren Sie daher ruhig mit verschiedenen Farben, Formen und Techniken!

Alle Anleitungen erfolgen in anschaulichen Schritten.

Kapitel 4

Kerzen gießen

■ ■ ■

Einführung

Man kann sich heute kaum vorstellen, wie man früher Kerzen aus Talg herstellte. Wir möchten deshalb aus einem australischen Kochbuch zitieren, das im Jahr 1956 erschien:

„Zu 15 Pfund Hammeltalg (Fett) 1¼ Pfund Bienenwachs zufügen. Das Wachs klein schneiden und mit dem Fett in Wasser geben. Das Ganze muss eine Stunde in einem großen Topf kochen. Dann die Masse erkalten lassen, aus dem Topf herausschneiden und die weiche Unterschicht abschaben. Die Fettmischung wieder zerschneiden und 5 Pfund Alaun und Salpeter hinzufügen. Die Mischung unter gelegentlichem Umrühren leicht köcheln lassen. Abkühlen lassen und aus dem Wasser nehmen."

Heute geht das natürlich viel einfacher. Die wichtigsten Bestandteile, die Sie benötigen, sind Wachs und Dochte, die in jedem Hobbygeschäft erhältlich sind. Bevor es nun konkret ans Kerzengießen geht, brauchen Sie noch einige weitere Materialien, die unten aufgeführt werden. Jede Anleitung in diesem Buch enthält ungefähre Gewichtsangaben und sonstige Maße für Wachs, Docht und alle übrigen Materialien.

Paraffin wird entweder in kleinen Platten, Blöcken oder in Granulatform verkauft. Es ist ein Nebenprodukt der Erdölraffinierung. Für unsere Zwecke ist das Paraffin in kleinen Kügelchen etwas geeigneter als Platten, da es sich praktischer weiterverarbeiten lässt. Natürlich geht es auch mit Paraffinplatten. Paraffin ist bei Zimmertemperatur fest und schmilzt bei Erhitzung auf Temperaturen zwischen 40 °C und 70 °C zu einer farblosen, geruchlosen Flüssigkeit. Für unsere Zwecke ist Paraffin mit einer Schmelztemperatur von etwa 55–60 °C am besten geeignet.

Dochte gibt es in den verschiedensten Größen und Arten, rund und abgeflacht. Für unsere Kerzenherstellung kaufen wir am besten Docht aus geflochtener Baumwolle, die chemisch behandelt ist, um die Brenneigenschaften zu verbessern. Docht ist in Hobbygeschäften als Stück- oder Meterware und in verschiedenen Stärken erhältlich. Achten Sie beim Kauf darauf, dass die Dochtstärke zu Ihren Kerzendurchmessern passt, sonst brennt die Kerze später nicht richtig ab.

Kerzenfarben gibt es in allen möglichen Farbtönen und Schattierungen, entweder als Pulver, Tabletten oder in Stangenform. Die benötigte Farbmenge hängt von der Beschaffenheit des Wachses und der Kerzengröße ab. Um kleine Mengen zu färben, eignen sich Tabletten am besten. Achten Sie auf die Hinweise zur Verarbeitung auf den Farbpackungen.

Stearin ist ein nützlicher Zusatzstoff zu Wachs. Es erhöht die Farbintensität bei gefärbtem Wachs, verringert das Tropfen und verbessert die Brenneigenschaften. Außerdem verstärkt es die Eigenschaft von Paraffin sich zusammenzuziehen, so dass die Kerze bei der Herstellung leichter aus ihrer Gussform herausgenommen werden kann. Der Stearinanteil in einer Kerze sollte bei 10 % liegen.

In Gussformen aus Gummi darf Stearin nicht verwendet werden, da es den Gummi zersetzt.

Gusskitt hat eine ähnliche Konsistenz wie Glaserkitt und dient dazu, den Docht an der richtigen Stelle zu fixieren. Gleichzeitig verhindert es, dass Wachs aus der Gussform heraustropft und Wasser eindringt. Gusskitt kann mehrmals verwendet werden.

Die meisten Kerzen werden gegossen. Dafür gibt es Gussformen mit den unterschiedlichsten Formen und Größen zu kaufen. Sie bestehen in der Regel aus Kunststoff, Metall, Gummi, Latex oder Glas. Für unsere Zwecke eignen sich Formen aus den drei ersten Materialien am besten.

Gussformen aus Kunststoff

Es gibt eine ganze Reihe verschiedener Formen, z. B. sechseckige, kugel- und pyramidenförmige. Für Schwimmkerzen sind auch tablettartige Paletten mit mehrmals demselben Muster erhältlich. Mit diesen muss man vorsichtig umgehen, da sie sich leicht verziehen oder verkratzen.

Gussformen aus Metall

Sie haben den Vorteil, dass sie robust sind und lange halten. Dafür ist die Auswahl an Formen nicht so groß und sie sind ziemlich teuer.

Gussformen aus Gummi und Latex

Diese elastischen Materialien sind natürlich sehr vielseitig. Gussformen daraus können nicht nur sehr detailreich sein, sondern man kann mit ihrer Hilfe auch Kerzen in ganz ungewöhnlichen Formen herstellen, die sich aus einer festen Gussform gar nicht mehr entfernen ließen. Der Hauptnachteil dieser Materialien ist ihre begrenzte Verwendungsdauer.

Gussformen aus Glas

Mit ihnen kann man besonders glänzende Kerzen herstellen. Wie bei den Metallformen ist auch hier die Formenvielfalt eher be-

grenzt. Auch zerbrechen sie sehr leicht. Um die Kerzen aus ihnen herauszubekommen, benötigt man ein Trennmittel.

All diese Gussformen gibt es im Fachhandel. In den späteren Kapiteln dieses Buches erfahren Sie, wie Sie mit Gegenständen aus Ihrem Haushalt Gussformen improvisieren und wie sie selbst Formen aus Latex herstellen können.

Für die folgenden Anleitungen benötigen Sie ungefähr die folgenden Mengen Wachs:

Für eine 12 cm hohe kegelförmige Kerze etwa 130 g Wachs
Für eine 11 cm hohe zylindrische Kerze etwa 250 g Wachs
Für eine 16 cm hohe sechseckige Kerze etwa 325 g Wachs

Paraffin-Perlen, Stearinpulver und Kerzenfarbe

verschiedene Gussformen

Der Docht wird vorbereitet

Dies ist eine relativ schnelle und einfache Angelegenheit. Trotzdem müssen Sie sorgfältig sein, damit die Kerze später gleichmäßig abbrennt. Bereiten Sie Dochte gleich für mehrere Kerzen vor, anstatt die Prozedur für jede einzelne Kerze neu durchzuführen.

Sie brauchen

Doppeltopf oder zwei Kochtöpfe

Thermometer

Alufolie oder Butterbrotpapier

Wachskügelchen

Docht für Kerzen von $2^1/_2$ cm Durchmesser

1. Schritt
Erhitzen Sie eine kleine Menge Wachskügelchen mithilfe der zwei Töpfe in einem Wasserbad. Wenn das Wachs 70 °C warm ist, stellen Sie die Wärmezufuhr ab.

2. Schritt
Nehmen Sie einen genügend langen Docht und tauchen Sie ihn für einige Sekunden in das Wachs.

3. Schritt
Nehmen Sie den Docht heraus, sobald Luftbläschen nach oben steigen. Die Luftbläschen zeigen, dass der Docht genug Wachs aufgenommen hat.

4. Schritt
Legen Sie den Docht lang gezogen auf das Butterbrotpapier. Nach ein paar Minuten ist er hart und kann weiterverarbeitet werden.

Einfarbige Kerze in Kegelform

Am einfachsten lassen sich einfarbige Kerzen herstellen – daher soll dies unser erstes Projekt werden, auf dem dann die weiteren aufbauen. Trotz ihrer Schlichtheit haben solche Kerzen ein schönes Aussehen und lassen sich vielseitig verwenden.

■ ■ ■

Sie brauchen

Doppeltopf oder zwei Kochtöpfe
Thermometer
Dochtnadel
kegelförmige Gussform aus Kunststoff
Schüssel mit Wasser
Schere
Küchenwaage
Gewicht
Wachskügelchen
Stearin
Kerzenfarbe (beliebig)
vorbereiteten Docht für 2 1/2 cm Durchmesser
Gusskitt

1. Schritt
Ziehen Sie den Doch in die Gussform ein. Das eine Dochtende wird durch das Loch im Boden der Form gezogen. Es soll dort etwa 2 1/2 cm hervorstehen. Anschließend wird die Öffnung mit Gusskitt geschlossen.

2. Schritt
Legen Sie die Dochtnadel quer über das offene Ende der Gussform. Ziehen Sie dann den Docht vorsichtig straff und knoten Sie ihn an der Nadel fest. Achtung: Wenn nicht anders angegeben, soll der Docht immer in der Kerzenmitte zu liegen kommen!

3. Schritt
Schmelzen Sie das Stearin im Wasserbad, fügen Sie den Farbstoff nach Anleitung hinzu und lösen Sie ihn auf. Achten Sie auf die Mengenangaben des Herstellers. Dann kommt das Paraffin hinzu und das Ganze wird auf 90 °C erhitzt.

4. Schritt
Gießen Sie das geschmolzene Wachs vorsichtig in die Gussform. Nun eine Minute warten und dann fest gegen die Gussform klopfen. Dadurch entweichen Luftbläschen aus dem flüssigen Wachs. Die Gussform kommt nun in eine mit Wasser gefüllte Schüssel und wird mit einem Gewicht beschwert. Nun gut abkühlen lassen.

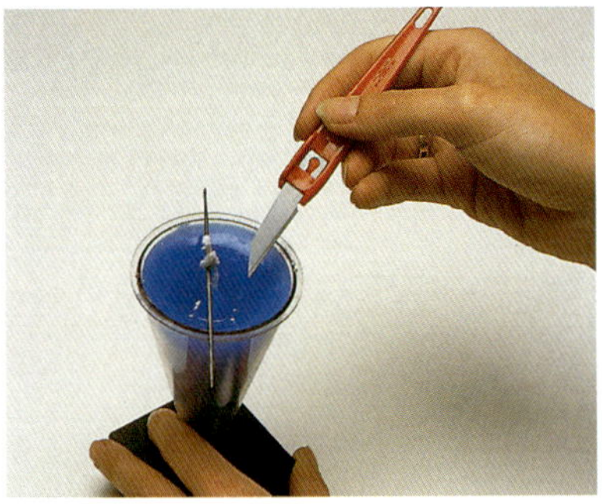

5. Schritt
Nach etwa einer Stunde bildet sich um den Docht eine Vertiefung, die später mit flüssigem Wachs aufgefüllt werden muss. Dazu nehmen Sie die Form aus der Wasserschüssel und stechen mit einem scharfen Gegenstand, z. B. einer Schere oder einem spitzen Messer, mehrmals in die Wachsoberfläche.

6. Schritt
Das restliche Wachs wird wieder auf etwas über 90 °C erhitzt und anschließend in die Vertiefung um den Docht gegossen. Nur so viel Wachs nachfüllen, um die Mulde zu ebnen. Nun mehrere Stunden lang auskühlen lassen.

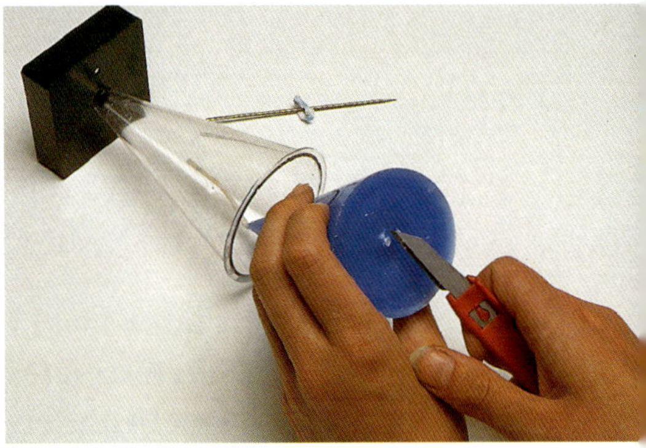

7. Schritt
Wenn alles kalt ist, entfernen Sie den Gusskitt. Die Dochtnadel mit dem herausragenden Docht wird abgeschnitten. Wenn Sie die Gussform nun umdrehen, sollte die Kerze herausrutschen. Der Docht an der Kegelspitze wird bis auf 6-8 mm abgeschnitten. Zum Schluss wird der Kerzenboden geglättet. Dies geschieht am einfachsten in einem leicht gewärmten Topf oder mit einem Messer.

Mehrfarbige Kerzen

Bunte Gegenstände bilden immer einen Blickfang – das gilt auch für Kerzen. In der folgenden Anleitung erzeugen wir mit verschiedenen Farbschichten reizvolle Effekte. Wenn Sie erst einmal mit dieser Technik vertraut sind, sind Ihrer künstlerischen Phantasie kaum Grenzen gesetzt.

■ ■ ■

Sie brauchen

Doppeltopf oder zwei Kochtöpfe
Thermometer
Schere
Dochtnadel
Gusskitt
zylinderförmige Gussform
Schüssel mit Wasser
Gewicht
Wachskügelchen
blaue Farbe
rote oder violette Farbe
schwarze Farbe
Docht für 2 1/2 cm Kerzendurchmesser
25 g Stearin

1. Schritt
Docht wie bereits erklärt durch die Gussform ziehen. Bilden Sie dann aus dem Wachs und dem Stearin je drei gleich große Häufchen.

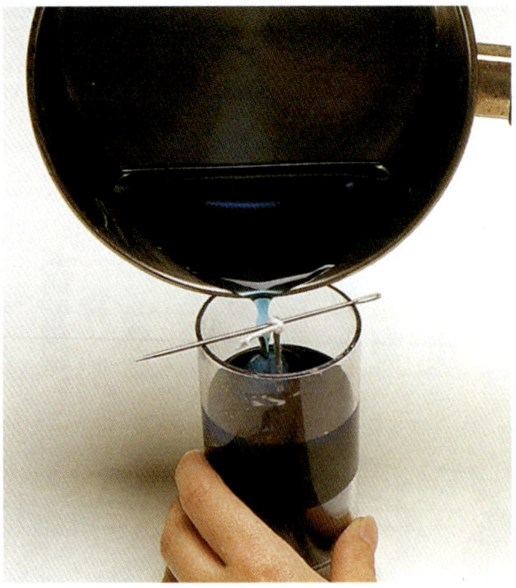

2. Schritt
Erhitzen Sie das Stearin von einem Häufchen im Wasserbad und fügen Sie schwarze Farbe in der erforderlichen Menge hinzu. Farbe gut auflösen. Nun kommt ein Häufchen Wachs hinzu und das Ganze wird auf 90 °C erhitzt. Gießen Sie das flüssige Wachs anschließend vorsichtig in die Gussform. Achten Sie darauf, dass das Wachs nicht innen an der Form hinunterläuft! Abkühlen lassen, bis die Oberfläche zu erstarren beginnt und berührwarm ist.

3. Schritt
Erhitzen Sie die zweite Portion Stearin und lösen Sie blaue Farbe darin auf. Zweite Portion Wachs hinzufügen und bis 90 °C erhitzen. Das blaue Wachs wird nun vorsichtig in die Form gegossen. Abkühlen lassen und die gleiche Prozedur mit der roten/violetten Farbe wiederholen. Zum Schluss kommt die Form in die Wasserschüssel und wird mit einem Gewicht beschwert.

4. Schritt
Wenn die rote Wachsschicht abgekühlt ist, wird sie mit einem spitzen Gegenstand etwas aufgeraut und die entstandene Mulde mit flüssigem Wachs aufgefüllt.

5. Schritt
Wenn die Kerze kalt ist, schneiden Sie den Docht am Kerzenboden ab. Dann drehen Sie die Form um und die Kerze rutscht heraus.

Diagonale Farbmuster

Wenn Sie die Gussform in verschiedenen Winkeln schräg halten, erzielen Sie bei der Kombination der Farben (s. voriges Kapitel) interessante Effekte. Experimentieren Sie ruhig ein bisschen mit verschiedenen Stellungen der Gussform, um Ihre Wunschkerze zu erhalten. In dieser Anleitung verwenden wir zwei Farben. Bei der hier benutzten Kegelform wird weniger Wachs benötigt als bei einer Zylinderform. Dabei sind Ihrer Phantasie keine Grenzen gesetzt, was Farben und Formen betrifft.

■ ■ ■

Sie brauchen

zwei Kochtöpfe oder Doppeltopf
Thermometer
Schere
Dochtnadel
Gusskitt
kegelförmige Gussform
Schüssel Wasser
alten Lappen
Gewicht
Wachskügelchen
Docht für 2½ cm Kerzendurchmesser
Stearin
verschiedene Kerzenfarben

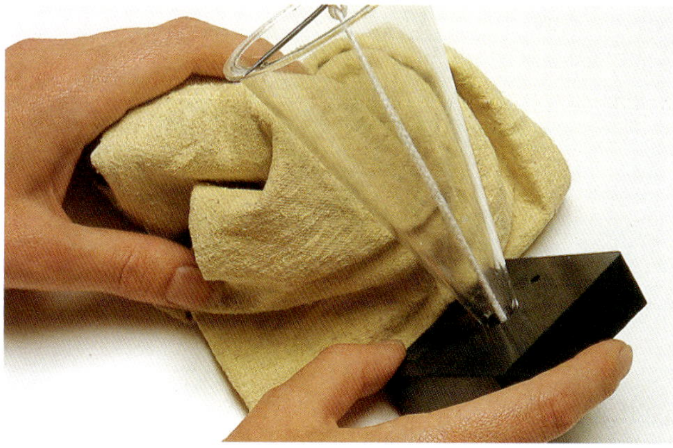

1. Schritt
Ziehen Sie den Docht für 2½ cm Kerzendurchmesser wie schon beschrieben durch die Gussform. Legen Sie die Gussform in einem von Ihnen gewählten Winkel schräg auf einen alten zusammengeknüllten Lappen. Nun die benötigte Menge Wachs und Stearin abwiegen.

2. Schritt
Gießen Sie die erste Wachsportion in die Form. Kalt werden lassen, die zweite Wachsportion darüber auffüllen und wieder kalt werden lassen.

3. Schritt
Bevor Sie die letzte Wachsschicht auffüllen, müssen Sie die Gussform wieder in eine senkrechte Lage bringen.

4. Schritt
Wie schon beschrieben, nun die letzte Schicht auffüllen und den Docht abschneiden. Wenn die Kerze kalt geworden ist, kippen Sie die Gussform um – die Kerze rutscht dann heraus.

Kerzen aus Wachsresten

Von den letzten Kerzen haben Sie sicher Wachsreste übrig behalten, mit denen Sie sich nun an eine ganz bunte Kerze machen können. Dafür ist jede beliebige Restmenge und Farbe geeignet. Die Wachsreste sollten etwa 1–3 cm Durchmesser haben. Wenn Ihnen bei einer bestimmten Farbe die Wachsreste nicht ausreichen, machen Sie sich einfach „neue Reste", wie wir Ihnen weiter unten erklären. In der folgenden Anleitung wird eine sternförmige Gussform verwendet, aber natürlich ist auch jede andere Form geeignet!

Sie brauchen

zwei Kochtöpfe oder Doppeltopf
Thermometer
Gussform
Schere
Dochtnadel
ein altes Backblech
Alufolie oder Butterbrotpapier (achten Sie darauf, dass keine Löcher darin sind, durch die das Wachs abfließen könnte)
Schüssel Wasser
Gewicht
Wachskügelchen
Stearin
bunte Wachsreste
Wachsfarbe
Docht für 2 1/2 cm Kerzendurchmesser
Gusskitt

1. Schritt
Erhitzen Sie etwas Stearin und genug Farbe, um einen kräftigen Farbton zu erhalten. Dann kommt Wachs in der benötigten Menge hinzu. Die Wachsmischung wird auf 85 °C erhitzt und in das mit Folie ausgelegte Backblech gegossen. Das Wachs sollte für eine etwa 1–1 1/2 cm dicke Schicht reichen. Abkühlen lassen.

2. Schritt
Wenn das Wachs hart ist, brechen Sie es in Stücke. Nun sind Ihre „Reste" fertig.

3. Schritt
Der Docht wird, wie bereits beschrieben, in die Gussform gezogen. Achten Sie darauf, dass der Docht in der Mitte platziert ist. Nun kommen die Wachsreste hinein.

4. Schritt
Stearin und Wachskügelchen werden auf gut 90 °C erhitzt und in die Form gegossen. Anschließend ins Wasserbad setzen, mit dem Gewicht unten halten und abwarten, bis das Wachs kalt ist.

5. Schritt
Form aus dem Wasser nehmen und umdrehen. Nun wird die Kerze herausgenommen, wie schon beschrieben.

Kerzen aus Wachsresten und buntem Wachs

Dies ist eine Variation der vorherigen Technik, mit der Sie ebenfalls wunderschöne Effekte erzielen. Auch hier können Sie natürlich alle denkbaren Formen und Farben ausprobieren. Besonders schick wirken Kerzen, die aus zwei Farben zusätzlich zu den bunten Wachsresten gemischt werden, wie in der folgenden Anleitung gezeigt wird.

■ ■ ■

Sie brauchen

zwei Kochtöpfe oder Doppeltopf
Thermometer
eine Kasserolle
leere Konservendosen (vorher gut spülen und trocknen! Sie sollten so in die Kasserolle passen, dass sie nicht umkippen können, wenn das Ganze später ins Wasserbad kommt.)
Dochtnadel
zwei Löffel
Gussform
Schere
Schüssel Wasser
Gewicht
Wachskügelchen
Stearin
zwei Wachsfarben
bunte Wachsreste

1. Schritt
Der Docht wird durch die Form gezogen. Dann werden die Wachsreste dazugegeben.

2. Schritt
Füllen Sie die Kasserolle etwa 5 cm hoch mit Wasser; zum Kochen bringen und dann auf kleine Flamme schalten. Nun kommen Wachsfarben und Stearin in die leeren Konservendosen, diese dann in die Kasserolle mit dem heißen Wasser. Achten Sie darauf, dass die Konservendosen nicht auf dem Topfboden stehen, sondern im Wasser schweben. Erhöhen oder verringern Sie dazu eventuell die Wassermenge. Falls die Konservendosen umkippen wollen, stellen Sie eine leere dritte Konservendose mit hinein. Nun schmilzt das Stearin und die Kasserolle wird vom Herd genommen.

3. Schritt
Wachskügelchen und Stearin werden im Wasserbad auf gut 90 °C erhitzt und anschließend in die Gussform gegossen. Nehmen Sie nun mit einem Löffel etwas gefärbtes Stearin aus einer Konservendose und kippen Sie es an einer Seite in die Gussform. Mit einem zweiten Löffel kommt dann die zweite Farbe an der anderen Seite in die Form.

4. Schritt
Kurz zur Ruhe kommen lassen, dann die Gussform ins kalte Wasserbad stellen und mit einem Gewicht beschweren. Wenn das Wachs kalt ist, Form herausnehmen und den Rest mit Wachs auffüllen. Dochtnadel und Gusskitt entfernen, Kerze herausnehmen.

Kerzen mit Perleneffekt

Form und Größe der Paraffin-Wachskügelchen sind geradezu ideal für eine weitere Kerzentechnik, die einen ganz speziellen Effekt ergibt. Wenn Sie die Technik beherrschen, können Sie auch mit anderen Farben und anderen Beimengungen von Wachskügelchen experimentieren.

■ ■ ■

SIE BRAUCHEN

zwei Kochtöpfe oder Doppeltopf
Thermometer
Dochtnadel
Schere
Zylinder-Gussform
Wachskügelchen
Wachsfarbe
Stearin
Gusskitt
Docht für 2½ cm Kerzendurchmesser

1. Schritt
Ziehen Sie den Docht durch die Form und füllen Sie sie locker mit Wachskügelchen.

2. Schritt
Nun werden das Stearin und Wachsfarbe erhitzt und aufgelöst. Weitere Wachskügelchen hinzufügen und auf gut 90 °C erhitzen.

3. Schritt
Das farbige Wachs wird nun in die mit Wachskügelchen gefüllte Form gegossen. Abkühlen lassen, umkippen und Dochtnadel entfernen.

4. Schritt
Gusskitt entfernen und Kerze aus der Gussform nehmen. Nun können Sie den Perleneffekt der Kerze deutlich sehen.

Duftkerzen

Eine Kerze verbreitet eine angenehme Atmosphäre; mit einer Duftkerze können Sie diesen Effekt noch verstärken. Zimt und Nelke sind für festliche Anlässe wie Weihnachten geeignet, Weihrauch und Patschuli verbreiten fernöstliche Stimmung, während Jasmin einen frischen Frühlingsduft verbreitet. Es gibt auch ganz praktische Anwendungen: der Duft von Zitronengras hilft z. B. den Geruch von kaltem Tabakrauch zu vertreiben.

■ ■ ■

Kerzen finden auch in der Aromatherapie Verwendung. Eine Kerze, die z. B. den Duft von Lavendel und Sandelholz verströmt, hat eine beruhigende Wirkung. Doch sind nicht alle Duftöle für die Kerzenherstellung geeignet. Bei manchen verfliegt das Aroma schnell, andere vermischen sich nicht mit Wachs. Deshalb ist es empfehlenswert, speziell für Kerzen geeignete Duftöle zu verwenden. Selbstverständlich können Sie mit Duftölen experimentieren, die Sie in Ihrem Haushalt haben.

Vorsicht: *Manche Öle haben eine zersetzende Wirkung auf Gussformen aus Gummi und können auch die Oberfläche von Kunststoffformen dunkel färben.*

Sie brauchen

zwei Kochtöpfe oder Doppeltopf
Thermometer
Holzlöffel
Dochtnadel
quadratische Gussform
Wachskügelchen
Stearin
Wachsfarbe
Duftöl für Kerzen
Docht für 5 cm Kerzendurchmesser

1. Schritt
Gussform wie bereits beschrieben vorbereiten. Nun lösen Sie die Wachsfarbe in Stearin auf. Wachskügelchen hinzugeben und auf gut 80 °C erhitzen, dann vom Herd nehmen.

2. Schritt
Jetzt geben Sie das Duftöl hinzu. Bei speziellem Kerzenöl richten Sie sich nach der Gebrauchsanleitung. Bei anderem Duftöl versuchen Sie es mit etwa zehn Tropfen. Gut verrühren.

3. Schritt
Die Mischung wird nun in die Form gegossen und eine Minute lang in Ruhe gelassen. Leicht gegen die Form klopfen und ins kalte Wasserbad setzen. Ein Gewicht oben auf der Form hält die Kerze unten. Nach dem Erkalten Kerze wie beschrieben herausnehmen.

Variationen
Machen Sie eine dunkelrote Kerze, der zwei Teelöffel Zimt- und Nelkenpulver zugefügt werden. Sie können dabei das Pulver entweder direkt in das flüssige Wachs mischen oder erst der fertigen Kerze hinzufügen. Dafür lassen Sie die Kerze erst eine Weile brennen, bis genug Wachs geschmolzen ist. Dort geben Sie etwas Zimt und Nelken hinein. Der Duft ist betörend! (Wenn die Kerze besonders festlich aussehen soll, schmücken Sie sie mit umgebundenen Zimtstangen oder Bändchen.)

Schwimmkerzen

Eine Schüssel mit schwimmenden Kerzen bezaubert jede Umgebung! Sowohl im Haus als auch im Freien wirken sie wunderbar, besonders wenn die Wasserschüssel, in der sie schwimmen, zusätzlich mit Glasmurmeln gefüllt ist. Sie können auch diese Kerzen als Duftkerzen herstellen – das verstärkt den Effekt noch. Es gibt spezielle Gussformen für schwimmende Kerzen, doch kann man sie auch selbst formen.

Sie brauchen

zwei Kochtöpfe oder Doppeltopf

Plätzchenformen

Backblech

Alufolie

Schere

Dochtnadel

Docht für 1½ cm Kerzendurchmesser

Wachskügelchen

Stearin

Wachsfarbe

1. Schritt
Bereiten Sie den Docht vor und schneiden Sie ihn in 2½ cm lange Stücke. Das Backblech wird mit Alufolie ausgelegt.

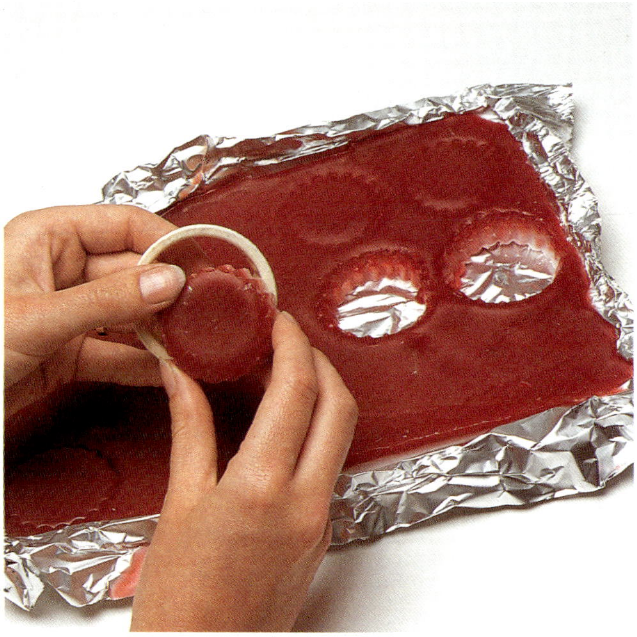

2. Schritt
Stearin schmelzen und Farbe darin auflösen, dann die Wachskügelchen hinzugeben. Auf gut 80 °C erhitzen. Die flüssige Mischung wird in das ausgelegte Backblech gegossen, die Wachsschicht soll 2 cm dick sein. Abkühlen lassen, bis das Wachs verformbar wird.

3. Schritt
Mit der Plätzchenform werden nun „Wachsplätzchen" ausgestochen und vorsichtig aus der Form genommen.

4. Schritt
Ziehen Sie den Docht durch das Wachsplätzchen. Mit der Dochtnadel können Sie vorher ein Loch durchstoßen, wenn das Wachs schon hart ist.

Experimentieren Sie ruhig mit verschiedenen Farben und Formen. Wenn Sie die Kerzen mit der Hand formen wollen, schneiden sie einfach entsprechende Stücke aus dem Blech, solange das Wachs noch formbar ist. (Diese können Sie dann beliebig mit der Hand bearbeiten.)

Kirchenkerzen

Kirchenkerzen sind normalerweise beige oder weißlich. Sie wirken ruhig und elegant, verbreiten einen angenehmen Duft und sind leicht zu machen. Am besten eignen sich Metallformen. Sie werden allerdings ziemlich heiß, verbrennen Sie sich also nicht die Finger! Kirchenkerzen enthalten Bienenwachs, das die Brenndauer erhöht. Leider bleiben Bienenwachskerzen in Metallformen kleben, wenn man die Formen vorher nicht mit einem speziellen Trennmittel behandelt.

■ ■ ■

Sie brauchen

zylindrische Metallgussform
Thermometer
Dochtnadel
Schüssel Wasser
zwei Kochtöpfe oder Doppeltopf
Gusskitt
Wachskügelchen
Stearin
Bienenwachs (10–25 % Anteil)
Trennmittel (Siliconspray)

1. Schritt
Besprühen Sie die Metallform innen mit dem Spray.

2. Schritt
Trocknen lassen und den Docht durchziehen. Das Loch unten muss sehr sorgfältig verschlossen werden; manchmal schmilzt der Gusskitt durch die hohe Temperatur der Metallform.

3. Schritt
Stearin und Wachskügelchen werden nun auf 90 °C erhitzt, dann vom Herd genommen. Nun kommt das Bienenwachs hinzu. Umrühren, bis es sich aufgelöst hat.

4. Schritt
Die Metallform wird zu einem Viertel mit der Wachsmischung gefüllt. Dann ist sie schwer genug, um anschließend im Wasserbad stehen zu bleiben.

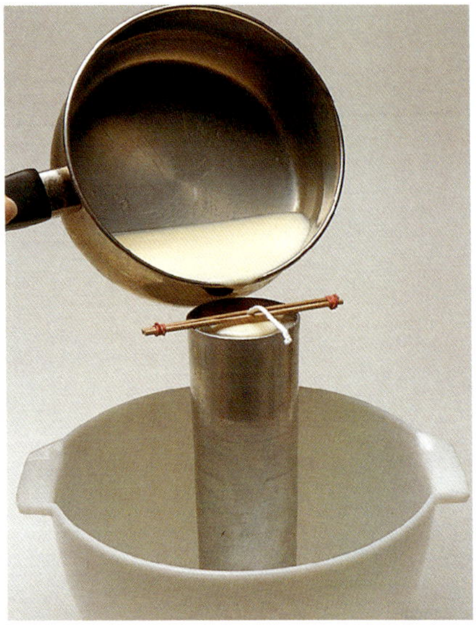

5. Schritt
Halten Sie die Metallform in der Wasserschüssel fest und gießen Sie Wasser hinein. Nun kann das restliche Wachs in die Metallform gefüllt werden. Damit Luftbläschen entweichen können, gegen die Form klopfen. Dann kalt werden lassen.

6. Schritt
Nun kann die Kerze, wie bereits beschrieben, herausgenommen werden. Besonders festlich wirkt die Kerze, wenn sie mit Schleifen geschmückt wird.

Obstkerzen

Eine Kerze zu machen, die einer Frucht täuschend ähnlich sieht, ist eine witzige Sache – und gar nicht schwierig! Für den Anfang nehmen wir eine Orangenform. Das geht am einfachsten – aber Sie können sich natürlich auch etwas anderes ausdenken oder eine riesige „Obstschale" komponieren. Da wir hier auch bereits die Duftkerzentechnik integrieren können, sieht die fertige Kerze nicht nur gut aus, sondern duftet auch entsprechend.

Sie brauchen

Orangen-Gussform aus Gummi
zwei Kochtöpfe oder Doppeltopf
Thermometer
Schüssel Wasser
Pappe (groß genug, um die Wasserschüssel zu bedecken)
Spülmittel
Wachskügelchen
orange Farbe/Duftöl
Docht für 4 cm Kerzendurchmesser

1. Schritt
Zuerst müssen Sie aus Pappe eine „Halterung" basteln, die die Wasserschüssel bedeckt und die Gummi-Gussform trägt. Verwenden Sie dazu ziemlich steife Pappe oder Karton und schneiden Sie in der Mitte ein Loch, in das die Gussform passt. Machen Sie an einer Stelle einen Schnitt bis zum Rand, dann geht die Gussform später leichter wieder heraus.

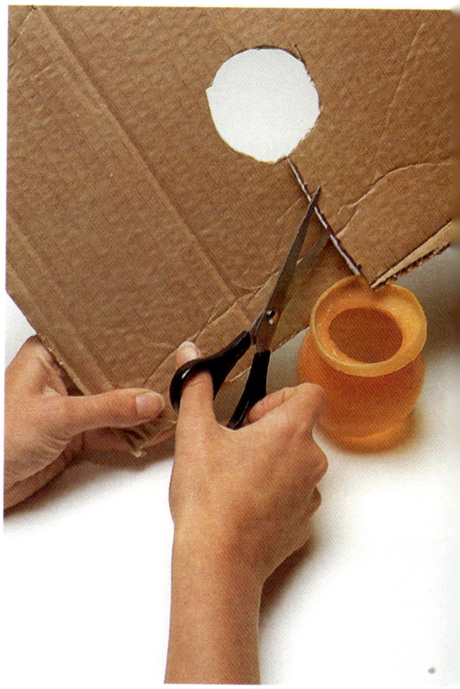

2. Schritt
Ziehen Sie mit der Dochtnadel den Docht durch die Gussform. Passen Sie auf, dass Sie außer am Boden der Form nicht in den Gummi stechen! Nun hängen Sie die Gussform in die vorbereitete Pappe ein.

3. Schritt
Wachs im Wasserbad schmelzen, dann Farbstoff und nach Belieben Duftöl hinzugeben. Auf 90 °C erhitzen und in die Form gießen. Durch Klopfen gegen die Gussform steigen eingeschlossene Luftbläschen nach oben. Nun kommt die Form mit der Halterung ins kalte Wasserbad. Das Wasser sollte die Form unter der Pappe ganz umspülen.

4. Schritt
Füllen Sie, falls notwendig, beim Erkalten etwas Wachs nach. Nach dem Abkühlen kann die Form abgezogen werden. Das geht einfacher, wenn Sie die Außenhaut der Form vorher mit Spülmittellösung einreiben.

Kapitel 5

Gezogene und getauchte Kerzen

■ ■ ■

Einleitung

In den bisherigen Anleitungen ging es um relativ leicht herzustellende Kerzen. Inzwischen haben Sie aber schon so viele Erfahrungen gesammelt, dass wir uns auch an schwierigere und weniger übliche Techniken und Materialien wagen können. In diesem Kapitel experimentieren wir mit dem Ziehen und Tauchen von Kerzen – Techniken, die seit vielen Jahrhunderten unverändert sind und mit denen nahezu jedes Kerzendesign von eleganten, ganz dünnen Kerzen bis hin zu ganz ausgefallenen Formen verwirklicht werden kann. Das Tauchen ist eine Technik, bei der eine fertige Kerze mit einer farblich kontrastierenden Wachsschicht überzogen wird. Um diese Technik erfolgreich anwenden zu können, benötigen Sie verschiedene Materialien. Wir werden die beiden wichtigsten kurz besprechen, bevor es an die konkrete Arbeit geht.

Zunächst müssen wir den Unterschied zwischen Pigment und Farbe kennen.

Pigmente werden bei Tauch-Wachs verwendet, Farbe bei normalem Kerzenwachs. Pigmente sind intensiver und die Färbung bleicht nicht aus.

Tauch-Wachs ist eine Mischung aus Harzen und Wachsen, die den Kerzen eine harte und glänzende Oberfläche gibt.

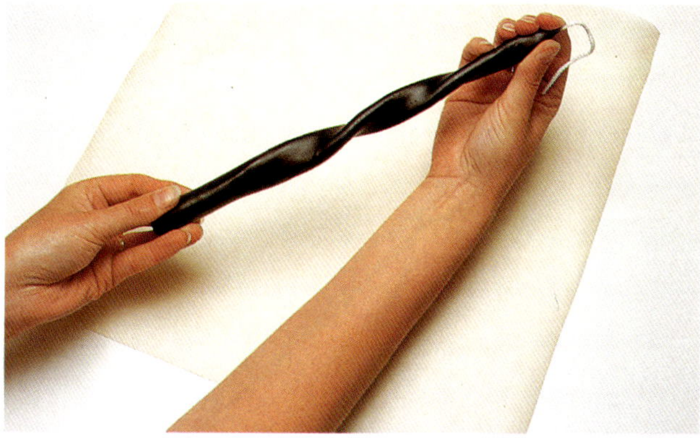

Mit Tauchtechnik entstehen herrliche Tafelkerzen.

Gezogene Tafelkerzen

Das Ziehen ist eine der einfachsten und ältesten Methoden, Kerzen herzustellen. Die Technik eignet sich für maschinelle und manuelle Herstellung. Fabrikkerzen werden auf Fertigungsstraßen aus pulverförmigem Wachs gezogen. Solche Produkte wirken sehr attraktiv, doch selbst gezogene Kerzen haben eine ganz persönliche Ausstrahlung. Am häufigsten werden Tafelkerzen gezogen, da diese am leichtesten geformt werden können.

Sie brauchen

Tauchgefäß
große Kasserolle
Holzleiste mit zwei in 4 cm Abstand angeschraubten Haken. Die Holzleiste muss größer sein als der Durchmesser des Tauchgefäßes.
Thermometer
Holzlöffel
Wachs-(Paraffin-)Kügelchen
Stearin
Wachsfarbe
Docht für 2¹/₂ cm Kerzendurchmesser

3 kg Paraffin ergeben sechs 25 cm lange Tafelkerzen.

1. Schritt
Stellen Sie das Tauchgefäß in eine halb mit Wasser gefüllte Kasserolle und füllen Sie Stearin und Wachsfarbe in das Tauchgefäß. Vorsichtig erhitzen, bis das Stearin schmilzt. Nun wird das Tauchgefäß auf ³/₄ Höhe mit Wachskügelchen aufgefüllt. Wenn das geschmolzene Wachs nicht bis zu dieser Höhe reicht, geben Sie noch etwas Wachs hinzu. Auf gut 70 °C erhitzen, dann auf kleine Flamme schalten.

2. Schritt
Bereiten Sie den Docht vor und ziehen Sie ihn durch die beiden Haken an der Holzleiste. Er muss so lang sein, dass beide Dochtenden $2\frac{1}{2}$ cm über dem Boden des Tauchgefäßes enden.

3. Schritt
Die Dochte werden nun in das Gefäß mit dem flüssigen Wachs getaucht. 4 Sekunden warten, dann herausziehen. Achten Sie darauf, dass sich die beiden Dochte nicht berühren. Nun 3–4 Minuten abkühlen lassen. Am besten legen Sie die Holzleiste dazu über zwei genügend hohe Auflagen, z. B. zwei Flaschen.

4. Schritt
Achten Sie darauf, dass die Temperatur des Wachses knapp über 70 °C bleibt. Wiederholen Sie die Prozedur von Schritt 3 so oft, bis die Kerzen den gewünschten Durchmesser haben. Etwa $1\frac{1}{2}$–2 cm sind ein gutes Maß.

5. Schritt
Damit Ihre Kerzen zum Schluss schön glänzen, erhitzen Sie das Wachs für die beiden letzten Tauchvorgänge auf gut 80 °C. Nach dem Abkühlen werden die Kerzen unten glatt geschnitten und der Docht auf 6–8 mm gekürzt.

Vielleicht erscheint Ihnen die Kerzenoberfläche zu ungleichmäßig. In diesem Fall können Sie sie glätten, solange das Wachs noch warm ist, und dann noch einmal tauchen.

Weitere Tafelkerzen

Tafelkerzen können natürlich auch etwas ausgefallenere Formen haben.

In dieser Anleitung wollen wir Ihnen drei Beispiele vorstellen.

SIE BRAUCHEN

kleine Holz-Rolle
Butterbrotpapier
frisch getauchte Tafelkerzen

Verdrillte Tafelkerzen

Solange Ihre neue gezogene Tafelkerze noch warm ist, können Sie sie verdrillen und erzielen damit eine attraktive Wirkung.

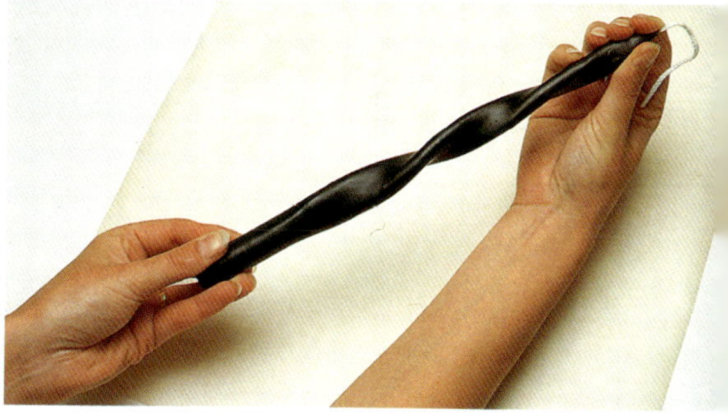

1. Schritt
Lassen Sie Ihre ganz frisch gezogene Tafelkerze noch 30 Sekunden abkühlen. Nun legen Sie sie auf einen Bogen Butterbrotpapier und feuchten die Rolle an.

2. Schritt
Etwa 5 cm über dem unteren Kerzenende beginnen Sie, sanft mit der Rolle die restliche Kerze flach zu rollen – etwa doppelt so breit wie vorher der Durchmesser war.

3. Schritt
Am oberen Ende beginnend verdrehen Sie vorsichtig den ausgerollten Teil der Kerze. Schneiden Sie das untere Ende glatt ab und lassen Sie die Kerze kalt werden.
Wenn die Kerze beim Ausrollen bricht, ist das Wachs bereits zu kalt. Tauchen Sie die gebrochene Kerze dann etwa 3 Sekunden in gut 70 °C warmes Wachs und lassen Sie sie etwa eine halbe Minute abkühlen.

Flechtkerzen

Versuchen Sie doch einmal die Herstellung von Flechtkerzen.

1. Schritt
Die noch warmen gezogenen Kerzen binden Sie entweder mit ihren Dochten an einem Haken zusammen oder lassen sie von einem Helfer halten. Dann flechten Sie sie vorsichtig.

2. Schritt
Zum Schluss drücken Sie die unteren Enden zusammen, damit die Kerze später stehen kann. Die Wirkung ist am besten, wenn Sie drei verschiedene Farben kombinieren.

Gezogene Duftkerzen

Wenn Sie eine besonders angenehme, warme Stimmung erzeugen wollen, können Sie Ihre gezogenen Kerzen mit einem Zimtmantel überziehen. Gezogene Duftkerzen eignen sich hervorragend für festliche Anlässe.

1. Schritt
Streuen Sie Zimtpulver auf einen Bogen Butterbrotpapier.

2. Schritt
Die noch warmen gezogenen Kerzen können Sie nun einfach über das verstreute Zimtpulver rollen. Der Zimt bleibt an dem warmen Wachs haften.

Getauchte Kerzen

Das Tauchen ermöglicht es, einer Kerze einen Mantel aus einer oder mehreren verschiedenen Farben „umzuhängen". Meistens kontrastieren die einzelnen Farben gegeneinander. Wenn Sie entsprechende Einschnitte in den Wachsmantel machen, erzielen Sie durch die durchscheinende Grundfarbe besonders aparte Effekte.

Sie brauchen

Tauchgefäß
große Kasserolle
Thermometer
scharfes Messer oder Cutter
zwei Kochtöpfe oder Doppeltopf
eine orange zylinderförmige Kerze
schwarzes Pigment
Wachskügelchen

1. Schritt
Machen Sie eine orange zylinderförmige Kerze, wie bereits in Kapitel 4 gezeigt.

2. Schritt

Geben Sie Wachskügelchen und Pigment in das Tauchgefäß und erhitzen Sie beides auf knapp 80 °C. Das flüssige Wachs muss im Tauchgefäß etwa 3–4 cm höher stehen, als die Kerze lang ist. Nun tauchen Sie die Kerze vollständig ein, wobei Sie sie am Docht festhalten, und warten etwa 3 Sekunden. Dann herausziehen, etwa 20 Sekunden abkühlen lassen und die gleiche Prozedur noch ein paarmal wiederholen. Dazwischen immer etwa 20 Sekunden abkühlen lassen.

3. Schritt

Nach etwa dem fünften Eintauchen lassen Sie die Kerze eine Minute abkühlen. Nun ritzen Sie mit dem Cutter vorsichtig eine Form nach Ihrem Geschmack in den noch warmen, weichen Wachsmantel ein.

4. Schritt

Jetzt heben Sie behutsam die eingeritzte Form ab, so dass dort die ursprüngliche Kerzenfarbe zu sehen ist.

5. Schritt

Sobald Ihnen der erste Versuch gelungen ist, experimentieren Sie ruhig ein bisschen mit verschiedenen Ritzmustern im Kerzenmantel. Wenn eine solche Kerze brennt, scheint die helle Grundfarbe der getauchten Kerze unter der Hülle zu glühen.

Pilzkerzen

Pilze aus Wachs sind witzig und leicht zu machen. Der Trick dabei ist, das Wachs zu formen, wenn es gerade die richtige Temperatur hat. Außerdem fühlt es sich angenehm an, das noch weiche Wachs mit den Händen zu formen. Wenn Sie Kinder haben, lassen Sie sie mitmachen! Es gibt auch speziell für Kinder geeignete, bereits in den verschiedensten Tönen gefärbte Wachse, die nur noch in einer Kasserolle erwärmt werden müssen, und sich beim Formen wie warme Knetmasse anfühlen.

Sie brauchen

kleine Backbleche
Alufolie
scharfes Messer oder Cutter
Löffel
Dochtnadel
weiße und rote Wachsfarbe
Stearin
Docht für 1-2 cm Kerzendurchmesser
Wachskügelchen

1. Schritt
Legen Sie ein Backblech mit Alufolie aus. Lösen Sie weiße Wachsfarbe in Stearin auf und fügen Sie anschließend Wachskügelchen hinzu. Auf gut 80 °C erhitzen. Nun den Docht vorbereiten und in 10 cm lange Stücke schneiden. Jetzt wird die weiße Wachsmischung etwa 5 mm tief in das ausgelegte Backblech gegossen. Abkühlen lassen, bis es warm und verformbar ist.

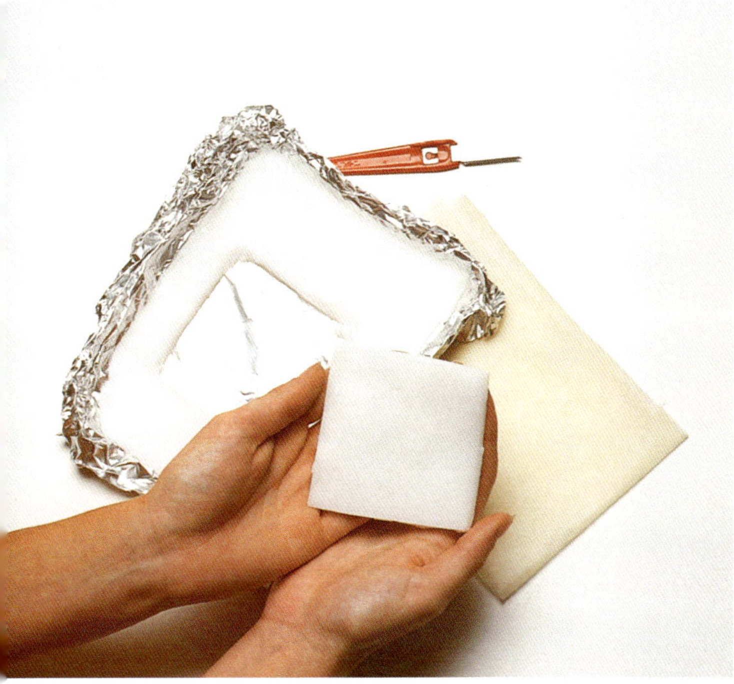

2. Schritt
Mit dem Messer oder Cutter schneiden Sie ein 5 x 7 cm großes Rechteck aus. Vorsichtig herausheben und auf Butterbrotpapier legen.

3. Schritt
Ein Dochtstück wird nun an der 5 cm langen Seite angelegt und das Wachsstück eng darum gerollt. An einer Seite muss der Docht zur Hälfte herausragen. Das andere Ende der Kerze wird glatt geschnitten. Nun ist der Pilzstiel fertig.

4. Schritt
Lösen Sie die rote Wachsfarbe in Stearin auf und erhitzen Sie die Mischung zusammen mit Wachs auf 80 °C. Auch dieses Wachs wird 5 mm tief auf ein mit Alufolie ausgelegtes Backblech gegossen. Abkühlen lassen, bis das rote Wachs warm und verformbar ist, dann einen Kreis von 7–8 cm Durchmesser ausschneiden und herausheben.

5. Schritt
Jetzt kann das warme rote Wachs mit den Händen zu einem Pilzhut geformt werden. Kalt werden lassen.

6. Schritt
Durch die Mitte der roten Pilzkappe wird ein kleines Loch gestoßen, durch das der schon am Pilzstiel befestigte Docht gezogen wird. Um den Pilzhut am Stängel festzukleben, halten Sie beide aneinander gepresst und drehen Sie den Pilz um. Mit einem Löffel kippen Sie etwas flüssiges Wachs von unten gegen die Pilzkappe. Wenn das Wachs kalt ist, haften beide Teile zusammen.

7. Schritt
Wenn alles abgekühlt ist, wird der Docht auf die richtige Länge geschnitten – fertig!

Varianten
Wenn Ihre Pilzkerze ein gleichmäßigeres Aussehen erhalten soll, versuchen Sie einmal, Sie in farbloses, flüssiges Wachs zu tauchen, bevor Sie die Kappe befestigen. Um die Pilzkappe mit Punkten zu verzieren, verwenden Sie entweder weiße Acrylfarbe oder tupfen Sie kleine, weiße Wachstropfen auf den Pilzhut. Kalt werden lassen.

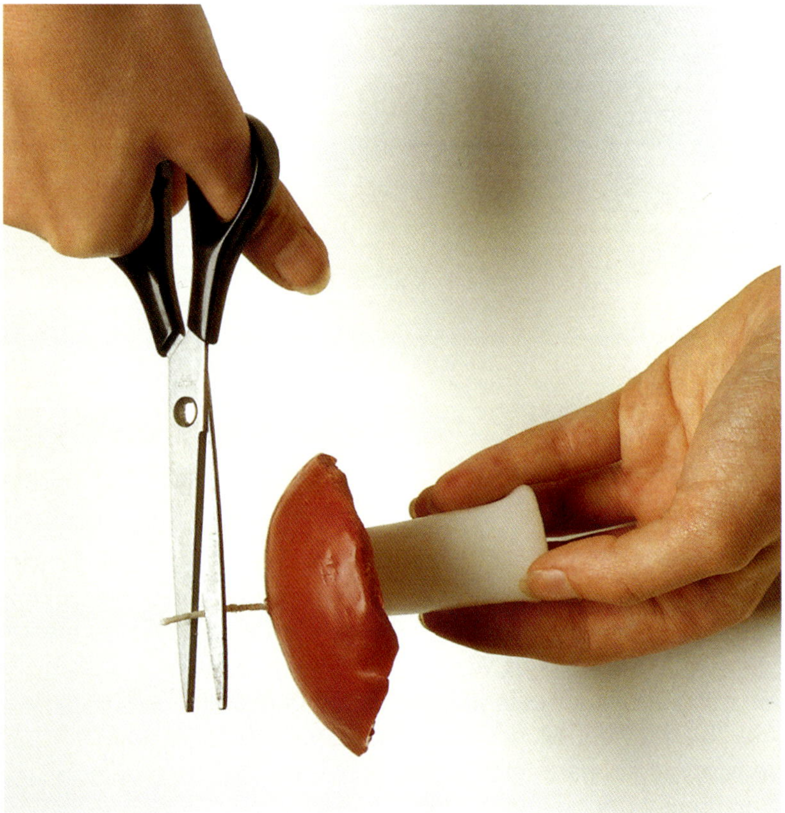

Bananen-Kerze

Eine geschälte Banane als Kerze herzustellen, erfordert eine Kombination mehrerer Techniken, die wir bisher gezeigt haben. Dieses Kerzenmotiv ist witzig und dekorativ.

■ ■ ■

SIE BRAUCHEN

(für 4 Bananen-Kerzen)
zwei Kochtöpfe oder Doppeltopf
zwei Tauchgefäße
Bananen-Gussform aus Gummi
Pappe
scharfes Messer oder Cutter
Schüssel Wasser
Thermometer
Dochtnadel
zwei große Kasserollen
5 kg Tauchwachs
350 g Paraffin-Wachskügelchen
cremefarbene Wachsfarbe
weiße Wachsfarbe
gelbe Wachsfarbe
Docht für 2½ cm Kerzendurchmesser

1. Schritt
Ziehen Sie den Docht durch die Gussform und hängen Sie diese in die Papphalterung. Nun wird Paraffin im Wasserbad geschmolzen. 1 g cremefarbene und 2½ g weiße Wachsfarbe hinzufügen und auf 90 °C erhitzen. Die Mischung wird nun in die Form gegossen, durch Klopfen dagegen werden die Luftbläschen entfernt. Die Form kommt jetzt ins kalte Wasserbad, wobei die Papphalterung für die richtige Lage sorgt. Abkühlen lassen und, falls nötig, noch Wachs oben nachgießen. Wenn die Wachsbanane kalt ist, reiben Sie die Außenseite der Gummiform mit Spül-

mittellösung ein und „pellen" die Form ab.

2. Schritt

Für die Schale benötigen wir beide Tauchgefäße zugleich. In eines kommen 2½ kg Tauchwachs, weiße und ein bisschen gelbe Wachsfarbe nach Herstellerangaben. Dies wird die Außenseite der Schale. In das zweite Tauchgefäß kommen ebenfalls 2½ kg Tauchwachs sowie cremefarbene und etwas weiße Wachsfarbe für die faserige Innenseite der Schale. Beide Tauchgefäße in Kasserollen stellen, diese halb mit Wasser füllen und das Wachs auf 67 °C erhitzen. Diese Temperatur soll konstant gehalten werden.

3. Schritt

Tauchen Sie die Banane aus dem 1. Schritt in kaltes Wasser. Indem Sie sie am Docht festhalten, tauchen Sie sie in das Tauchgefäß für die Innenseite der Schale. Dazwischen immer eine knappe Minute abkühlen lassen. Das Ganze sechsmal wiederholen.

4. Schritt

Nachdem die innere Schalenseite fertig ist, lassen Sie die Kerze eine Minute abkühlen und wiederholen den Tauchvorgang mit dem Tauchgefäß für die Außenseite der Schale. Dies geschieht 8 bis 10mal, wobei die Kerze dazwischen jeweils eine Minute abkühlen muss. Nach dem letzten Tauchvorgang muss die Kerze mehrere Minuten lang kalt werden.

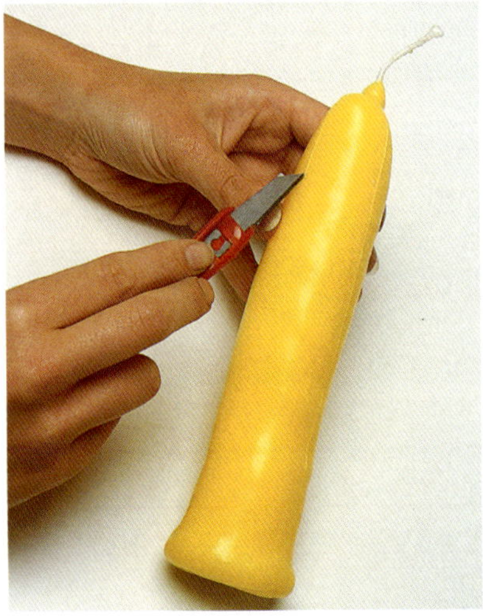

5. Schritt

Von oben beginnend machen Sie nun über ¾ der Kerzenlänge vorsichtig drei Längsschnitte durch die noch warme „Schale".

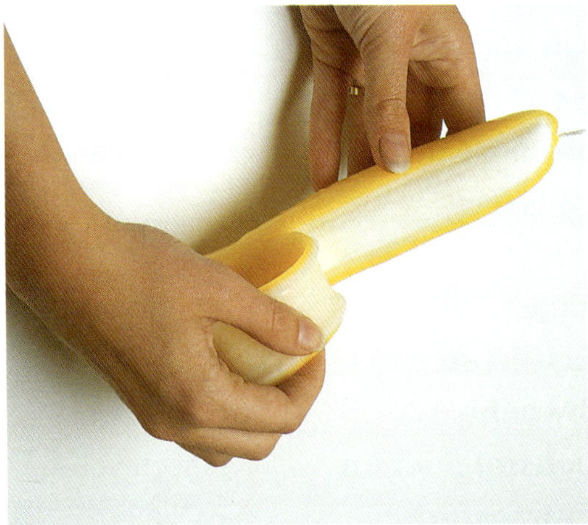

6. Schritt

Wieder von oben beginnend, schälen Sie nun langsam die drei Schalensegmente ab; diese rollen sich beim Schälen automatisch.

7. Schritt

Nachdem Sie die drei Schalensegmente abgepellt haben und die Kerze ihre endgültige Form erhalten hat, muss sie gut auskühlen. Geschafft!

KAPITEL 6

Spezielle Effekte und Techniken

EINLEITUNG

Es gibt viele verschiedene Techniken, mit denen Sie ungewöhnliches Design und verblüffende Effekte erzielen können. Für einige benötigen Sie besondere Wachssorten, die in gut sortierten Fachgeschäften erhältlich sind und bei einer bereits fertigen Kerze durch Formen oder Tauchen appliziert werden.

Auf den folgenden Seiten stellen wir Ihnen verschiedene Kerzen-Dekorationstechniken vor, sowohl mit Farben und Aufklebern als auch mit eher ungewöhnlichen Materialien wie Sand und Muscheln. Auch lernen Sie einige ausgefallene Kerzendesigns und -formen kennen, für die man keine Gussform benötigt.

Manche der Vorschläge erfordern sehr gute Kenntnisse und viel Übung – versuchen Sie sich also erst einmal an alten oder beschädigten Kerzen. Doch Sie werden auch die komplizierteren Techniken meistern und bald Ihre eigenen Ideen umsetzen können. Einige Anleitungen bedingen viel Hantieren mit flüssigem Wachs – treffen Sie also die nötigen Schutzmaßnahmen!

Dekorative Effekte und außergewöhnliche Formen

Kerzen ziehen mit Spezialwachsen

Im Fachhandel gibt es Wachssorten, die interessante Effekte auf der Kerzenaußenfläche erzeugen, wenn die Kerzen getaucht werden. Die Tauchtechnik eignet sich besonders gut, um einfache Kerzen abwechslungsreich zu gestalten oder einer Kerze ein neues „Kleid" zu verpassen. In dieser Anleitung verwenden wir ein Effektwachs, das eine flockenähnliche Struktur hat und wie normales Wachs gefärbt werden kann. Solche Spezialwachse sind nicht gerade billig; Sie können ruhig auch herumexperimentieren und versuchen, ähnliche Effekte mit den üblichen Materialien zu erzielen.

Sie brauchen

Materialien für die Tauchtechnik

Effektwachs

1. Schritt
Erhitzen Sie das Wachs im Tauchgefäß auf 67 °C. Nehmen Sie nun eine farbige Kerze und tauchen Sie sie einmal ein.

2. Schritt
Schräg halten und trocknen lassen. Sie können sehen, dass das Effektwachs in einem flockenartigen Muster erstarrt ist.

Variieren Sie versuchsweise die Temperatur. Bei größerer Hitze wird das Muster intensiver, bei geringerer Hitze werden die Flocken größer.

Varianten
Wenn Sie künstlerisch begabt sind, können Sie Streifen aus kontrastierenden Farben erzeugen.

Falls Sie derartige Effektwachse nicht im Handel finden oder nicht verwenden wollen, können Sie ersatzweise reines Stearin im Tauchgefäß auf 77–80 °C erhitzen und eine Kerze mit einer leuchtenden Farbe eintauchen. Wie oben abkühlen lassen. Wenn das Stearin erkaltet, erhalten Sie einen kristallinen Effekt.

Vergoldungs-Wachs

Wachs zum Vergolden gibt es in Tuben. Es kann leicht mit der Fingerspitze auf die Kerze gebracht werden. Besonders edel wirkt es auf dunklen Kerzen. Mit Utensilien aus dem Haushalt können Sie verschiedene Muster von einfachen Linien bis zu komplizierten Wirbeln bilden. In dieser Anleitung wird das Muster mit einer Gabel erzeugt, aber probieren Sie es auch einmal mit einer Drahtbürste, einer Schraube, einem Kamm oder sogar mit Schmirgelpapier.

Sie brauchen

Gabel

feinen Malerpinsel

einfache schwarze Kerze

Vergoldungs-Wachs

1. Schritt
Ritzen Sie mit der Gabel von oben nach unten ein Linienmuster in die Kerze. Drehen Sie dabei die Gabel leicht, so dass Wellenlinien erscheinen.

2. Schritt
Wiederholen Sie den Vorgang, bis die ganze Kerze mit Linien bedeckt ist. Achten Sie dabei auf einen gleichmäßigen Abstand.

3. Schritt
Wenn das Muster eingeritzt ist, bürsten Sie mit dem Pinsel die Wachsreste weg, die sich beim Einritzen gelöst haben.

4. Schritt
Drücken Sie etwas Vergoldungsmasse auf Ihre Fingerspitze und reiben Sie sie leicht in die Kerzenoberfläche ein. Sie sehen, wie sich das Muster nun herausbildet.

5. Schritt
Wenn Sie einen stärkeren Effekt wünschen, bedecken Sie die Kerze nun mit einem ganz dünnen (!) zweiten goldenen Mantel.

Goldornamente – ganz einfach

Das Aufkleben von kleinen Kerzenaufklebern ist eine weitere Möglichkeit, einer Kerze einen metallischen Look zu verpassen. Solche Aufkleber gibt es fertig auf Abziehfolien und ihre Anwendung ist schnell und einfach.

1. Schritt
Die Kerzenaufkleber sollten Zimmertemperatur haben, dann sind sie biegsamer und können nicht brechen.

2. Schritt
Ziehen Sie die Aufkleber einzeln sorgfältig ab. Achten Sie darauf, dass Sie sie nicht knicken.

3. Schritt
Drücken Sie sie vorsichtig, aber mit einem gewissen Druck auf die Kerze. Anzahl und Anordnung sind allein eine Frage Ihres Geschmacks.

Eiskerzen

Mit Eis lassen sich phantastische Zufallseffekte erzielen. Wenn heißes Wachs auf kaltes Eis trifft, kühlt es plötzlich ab und ist sofort hart. Wenn das dabei geschmolzene Eis weggeflossen ist, entstehen im übrig bleibenden Wachs interessante „Höhlen" und Auswölbungen.

■ ■ ■

Sie brauchen

Plastiktüte oder Handtuch

Hammer

zwei Kochtöpfe oder Doppeltopf

Eiswürfel

Wachskügelchen

Stearin

zylindrische Gussform

Wachsfarbe

Gusskitt

Docht für 1–1 1/2 cm Kerzendurchmesser

1. Schritt
Lösen Sie im heißen Wasserbad die Wachsfarbe im geschmolzenen Stearin auf. Wachskügelchen hinzufügen und die Mischung auf gut 90 °C erhitzen. Dann wird der Docht vorbereitet, in die Gussform gezogen und die Öffnung unten mit Gusskitt versiegelt.

2. Schritt
Füllen Sie die Eiswürfel in eine Plastiktüte oder wickeln Sie ein Handtuch um das Eis und schlagen Sie es mit dem Hammer in kleine Stückchen.

3. Schritt
Die Eisstückchen werden nun locker in die Gussform gefüllt.

4. Schritt
Darüber gießen Sie anschließend das flüssige Wachs und warten dann, bis das Wachs hart und das Eis geschmolzen ist.

5. Schritt
Nun ziehen Sie die Kerze vorsichtig aus der Gussform. Docht kürzen und die Kerze vor dem ersten Anbrennen gut austrocknen lassen.

Ein- und Ausgießen

In dieser Anleitung lernen Sie eine Technik kennen, mit der Sie in Gummiformen gegossenen Kerzen eine besondere Färbung und eine ausgefallene Form geben können. Sie benötigen hierzu zwei verschiedene Farben. Bei der Auswahl können Sie nach Belieben experimentieren – von sanften Pastellfarben bis zu knalligem Rot.

■ ■ ■

Sie brauchen

Schüssel Wasser (muss tief genug für die Gussform sein)

Halterung aus Pappe

vier Kochtöpfe

Schere

Dochtnadel

Gussform aus Gummi

weiße Wachsfarbe

violette Wachsfarbe

Wachskügelchen

Docht

Spülmittellösung

1. Schritt
Wenn nicht bereits geschehen, schneiden Sie zuerst eine Halterung aus steifer Pappe für die Gummi-Gussform aus. Mit der Dochtnadel ziehen Sie den Docht ein und befestigen ihn oben – wie im Bild gezeigt.

2. Schritt
Machen Sie zwei heiße Wasserbäder – eines für Wachs und violette Farbe, eines für Wachs und weiße Farbe. Beide Mischungen werden auf 85 °C erhitzt. Dann die Töpfe vom Herd nehmen und die weiße Mischung in die Gummiform gießen. Diese hängt mittels der Papphalterung im kalten Wasser. Bald beginnen die äußeren Wachsschichten hart zu werden.

3. Schritt

Sobald sich eine harte Wachsschicht von etwa 5 mm Dicke gebildet hat, nehmen Sie die Gussform aus dem Wasser und gießen das noch flüssige Wachs wieder zurück.

4. Schritt

Nun kommt violettes Wachs in die Form. Im Wasser kalt werden lassen. Oberfläche prüfen und, wenn nötig, zum Schluss etwas Wachs nachfüllen.

5. Schritt

Wenn alles abgekühlt ist, reiben Sie die Form von außen mit Spülmittellösung ein und pellen sie ab. Als Letztes wird der Kerzenboden gerade geschnitten.

Schablonen-Kerzen

Auch aus der einfachsten Kerze lässt sich etwas Besonderes machen, indem man mit einer Schablone ein Muster auf die glatte Kerzenoberfläche aufträgt. Plakatfarben auf Acrylbasis sind hierfür ideal; man kann aber auch z. B. Vergoldungs-Wachs verwenden. Schablonen gibt es in Hobbygeschäften, aber es ist vielleicht viel interessanter, eigene herzustellen.

Sie brauchen

Schablonen

Stoff

Pinsel

weiße Kerze (Größe beliebig)

bunte Farbe

1. Schritt
Wählen bzw. basteln Sie eine Schablone mit dem gewünschten Muster und überlegen Sie sich, wo das Muster auf die Kerze übertragen werden soll.

2. Schritt
Legen Sie dort die Schablone auf die Kerze auf und malen Sie sie mit der gewünschten Farbe aus. Am besten beginnen Sie dabei am Rand und arbeiten zur Mitte hin. Dann rinnt die Farbe nicht so leicht unter die Schablone.

3. Schritt
Nehmen Sie die Schablone ab. Dies muss sehr vorsichtig geschehen, damit das Muster auf der Kerze nicht verschmiert.

Tipp
Wenn Sie diese Technik mit fertigen Schablonen beherrschen, versuchen Sie einmal, eigene zu entwerfen – mit Mustern, die besonders gut in Ihre Wohnung passen.

Muschelkerzen

Wie wir inzwischen gesehen haben, eignen sich Wachsoberflächen für alle möglichen Arten der Verzierung. Viele von uns haben sicher einmal Muscheln am Strand gesammelt. Auch hiermit können wir arbeiten! Gleichzeitig basteln Sie sich eine kleine Erinnerung an einen schönen Strandurlaub.

Sie brauchen

große Kasserolle

Thermometer

scharfes Messer oder Cutter

Markierstift

Wachskügelchen

viereckige Kerze

kleine Muscheln (sauber und trocken)

1. Schritt
Mit dem Markierstift kennzeichnen Sie die Stellen, wohin die Muscheln geklebt werden sollen.

2. Schritt
Wenn Ihr Design feststeht, kratzen Sie mit dem Cutter kleine Löcher in die Kerze, wo später die Muscheln platziert werden sollen.

3. Schritt
Setzen Sie eine Muschel über ein Loch und zeichnen Sie den Umriss mit dem Messer nach. Innerhalb des umrissenen Bereichs schneiden Sie das Wachs weit und tief genug heraus, um die Muschel einpassen zu können.

4. Schritt
Nachdem die erste Muschel ihren Platz hat, wiederholen Sie die Prozedur für die übrigen Muscheln.

Variante
Eine Muschel kann auch ein Behälter für eine Kerze sein. Schneiden Sie hierfür ein entsprechend langes Stück Docht ab. Nun hängen Sie den Docht mithilfe einer quer über der Muschel liegenden Dochtnadel in die Muschel hinein. Klares oder gefärbtes Wachs hineingießen. Je nach Geschmack können Sie auch einen Duftstoff hinzufügen.

Eine täuschend echte Schnecke

Wachs lässt sich hervorragend anmalen. Mit Farbe können Sie entweder bestimmte Details hervorheben oder einem richtigen Modell den letzten Schliff geben – z. B. Kerzen in Tierform. In dieser Anleitung werden beide Methoden vorgestellt. Tier-Gussformen und viele andere finden Sie in gut sortierten Hobbygeschäften.

■ ■ ■

Sie brauchen

Schnecken-Kerzenform

scharfes Messer oder Cutter

breiten Pinsel

Lappen

Acrylfarben: dunkelbraun, hellbraun und grün

schwarze Plakatfarbe

1. Schritt
Gießen Sie in der Form eine Kerze in Schneckenform, wie bereits in Kapitel 4 erklärt. Schneiden Sie zum Schluss den Kerzenboden glatt.

2. Schritt
Nun wird die Schnecke schwarz angemalt. Trocknen lassen und Pinsel gut auswaschen.

3. Schritt
Die Schnecke wird leicht mit einem Lappen abgewischt. Dabei wird die Farbe an den erhabenen Stellen entfernt und bleibt nur in den Vertiefungen erhalten.

4. Schritt
Mit den Acrylfarben malen Sie nun das Schneckengehäuse hellbraun und die Schnecke dunkelbraun an. Pinsel gut auswaschen und schließlich noch die Grasunterlage grün einfärben.

5. Schritt
Vielleicht möchten Sie die Kerze mit einer tollen Glanzschicht? In gut sortierten Hobbyläden erhalten Sie so genannten Kerzenlack, der Ihrer Kerze den letzten Schliff verleiht und gleichzeitig eine Schutzwirkung hat.

Punziermuster

Sie haben sicher schon bemerkt, dass eine Kerze an der Stelle weiß wird, auf der sie beim Fallen auftrifft oder auf die sie einen Schlag erhält. Was sonst eher unerwünscht ist, wollen wir hier für eine spezielle Ziertechnik nutzen. Bevor Sie aber eine neue Kerze bearbeiten, sollten Sie lieber erst einmal Versuche mit alten Kerzen machen, die Sie nicht mehr verwenden.

■ ■ ■

SIE BRAUCHEN

Hammer mit kugeliger Schlagfläche

zweiten Hammer

Kerze

1. Schritt
Setzen Sie den Hammer mit der Halbkugelform auf die Kerze auf und schlagen Sie mit dem zweiten Hammer leicht, aber sicher darauf. Wenn das mit der richtigen Kraft geschieht, entstehen auf der Kerze kleine Kuhlen mit einem weißen, erhabenen Rand. Wenn Sie zwei Hämmer verwenden, können Sie die Schläge genau platzieren.

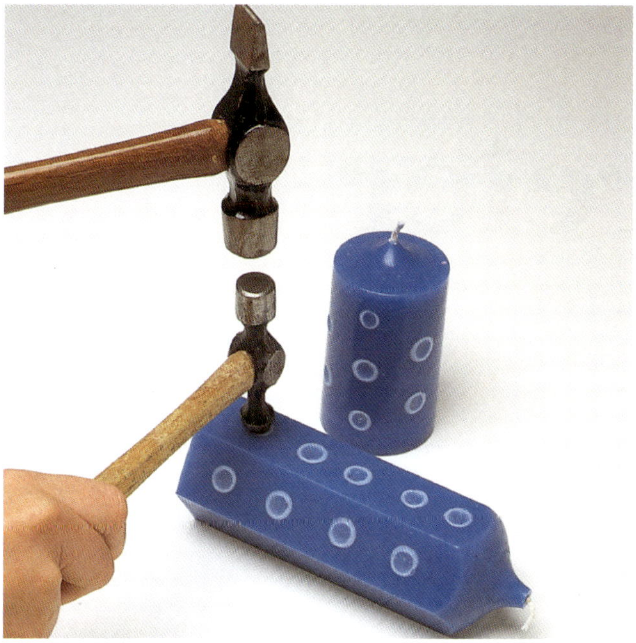

2. Schritt
Auf diese Art können Sie entweder geometrische Muster oder einfach zufällige Vertiefungen aufbauen. Der weiße Rand hebt dabei die Muster besonders hervor.

Tipps
Wenden Sie diese Technik zuerst bei einer eckigen Kerze an. Bei einer runden Kerze gehört schon ein wenig Übung dazu, ein gleichmäßiges Muster zu schlagen.

Die Kerze sollte Zimmertemperatur haben. Eine ganz kalte Kerze wäre zu hart und die Einschlagstellen würden nicht gleichmäßig rund.

Ostereier

Wenn Ostern bevorsteht, können Sie mit den bereits erlernten Techniken witzige Osterkerzen herstellen. Dabei werden Ihre Kinder sicher begeistert mitmachen!

■ ■ ■

SIE BRAUCHEN

eiförmige Kunststoff-Formen

Docht für 1–2 cm Kerzendurchmesser

verschiedene Wachsfarben

1. Schritt
Mit den Gussformen machen Sie zuerst verschiedenfarbige Kerzen in Eiform. Die Techniken hierfür wurden in den vorigen Kapiteln erklärt.

2. Schritt
Die Ostereier-Kerzen können nun noch zusätzlich verziert werden – durch Aufkleber, Vergoldung oder Tauchen mithilfe der schon bekannten Techniken.

3. Schritt
Eine leere Eierschachtel ist ein besonders origineller Behälter für Ihre Kerzen! Ebenfalls sehr lustig sind Eierbecher und kleine Osterkörbchen.

Wasserkerzen

Wenn Sie schon einige Übung haben, können Sie Kerzen herstellen, die auf federleichten Wolken oder Federbüscheln aus Wachs schweben. Wenn man heißes Wachs in Wasser taucht, steigt es sofort an die Wasseroberfläche und erstarrt dort zu ganz zufälligen Formen. Die Ergebnisse lassen sich nie vorhersehen, sind aber fast immer sehr wirkungsvoll. Beim Eingießen des heißen Wachses sollten Sie Gummihandschuhe tragen, damit Sie sich nicht verbrennen.

■ ■ ■

Sie brauchen

einen Eimer Wasser
zwei Kochtöpfe
Schüssel
Alufolie
Thermometer
Handtuch
Wachskügelchen
weiße Wachsfarbe
Tafelkerze
Stearin
Gummihandschuhe

1. Schritt
Legen Sie die Schüssel mit Alufolie aus.

2. Schritt
Lösen Sie Stearin und weiße Wachsfarbe auf. Wachskügelchen hinzufügen und auf 80 °C erhitzen. Nun wird die Tafelkerze mit etwas flüssigem Wachs in der Mitte der ausgelegten Schüssel festgeklebt.

3. Schritt
Sobald die Kerze fest steht, wird die Schüssel 5 cm hoch mit flüssigem Wachs gefüllt.

4. Schritt
Die Schüssel mit der Kerze muss nun in den Eimer mit Wasser eingetaucht werden. Sie können auch einmal versuchen, dabei die Schüssel zu drehen. Achten Sie aber darauf, dass Sie die Schüssel nicht kippen!

5. Schritt
Die Schüssel wird nun wieder aus dem Eimer gehoben und das Wasser vorsichtig abgekippt. Kalt werden lassen. Nehmen Sie vorsichtig die Folie aus der Schüssel. Während die Kerze auf einem Handtuch trocknet, reinigen Sie die Schüssel von Wachsresten.

Variante
Sie können die Kerze auch „verhüllen". Dazu gießen Sie flüssiges Wachs direkt auf eine Tafelkerze.

1. Schritt
Legen Sie eine Tafelkerze waagerecht in eine Schüssel mit Wasser, so dass die Kerze frei darin schwimmen kann.

2. Schritt
Nun gießen Sie vorsichtig Wachs über die Kerze. Beginnen Sie in der Mitte und passen Sie auf Ihre Finger auf! Drehen Sie mit einer Hand die Kerze, während Sie Wachs darüber gießen, und arbeiten Sie langsam zum unteren Ende hin. Wenn das flüssige Wachs mit Wasser in Berührung kommt, erstarrt es zu biegsamen Strängen um die Kerze herum.

Sandkerzen

Eine Sandkerze sieht ganz ungewöhnlich aus – und die Herstellungstechnik ist sowohl einfach als auch unterhaltsam. Sie müssen nur eine Form in eine Schüssel mit Sand drücken und flüssiges Wachs hineingießen. Wenn das Wachs abkühlt, bleibt der Sand um das Wachs herum daran kleben und verleiht der Kerze so ihr charakteristisches, urtümliches Aussehen.

Sie brauchen

Schüssel, zur Hälfte mit Sand gefüllt

zwei Kochtöpfe oder Doppeltopf

Thermometer

ein Holzstöckchen, etwas länger als der Schüsseldurchmesser

Bandmaß

Wachskügelchen

Wachsfarbe

Docht für 5 cm Kerzendurchmesser

1. Schritt
Feuchten Sie den Sand in der Schüssel mit etwas Wasser an und bilden Sie dann mit der Hand eine Mulde im Sand. Achten Sie darauf, dass der Boden der Mulde noch mit Sand bedeckt bleibt und die Schüssel nicht durchschimmert. Sand gut festklopfen.

2. Schritt
Damit die Sandkerze später stabiler steht, können Sie ihr Beinchen machen. Dafür muss unter der Mulde 12 cm Sand sein. Mit einer dünnen Kerze oder Holzstück drücken Sie drei oder vier Löcher in den Boden der Mulde. Auch an den Löchern darf die Schüssel nicht durchschimmern. In diese Löcher kommt später Wachs, das die Beine der Kerze bildet.

3. Schritt
Das Holzstäbchen wird nun quer über die Schüssel gelegt und der Abstand zum Boden der Mulde gemessen, um die nötige Dochtlänge herauszufinden. Der entsprechend lange Docht wird nun am Holzstäbchen befestigt. Achten Sie darauf, dass er unten den Boden der Mulde berührt und in der Mitte liegt.

4. Schritt
Erhitzen Sie die Wachskügelchen mit Farbe im Wasserbad auf 100 °C und gießen Sie die Mischung in die Sandform. Achten Sie darauf, die Sandform nicht zu beschädigen und den Docht nicht zu verschieben. Fünf Minuten abkühlen lassen. In dieser Zeit sickert etwas Wachs in den Sand. Dann füllen Sie oben Wachs bis auf die gewünschte Höhe nach und lassen Sie die Kerze kalt werden. Zum Schluss füllen Sie noch einmal etwas Wachs (gut 90 °C heiß) in die Mulde nach, die sich oben an der Kerze gebildet hat.

5. Schritt
Wenn die Kerze abgekühlt ist, heben Sie sie aus dem Sand heraus und wischen leicht die lockeren Sandkörner ab.

Variante
Sie können auch einmal mit gefärbtem Sand experimentieren. Auch ganz feiner Kies ergibt interessante Effekte.

Kerzen mit Alufolie

Alufolie ist ein gutes Material, um ungewöhnliche Kerzenformen zu gießen. Solche Kerzen können sowohl als Tischschmuck als auch als Schwimmkerzen verwendet werden.

Sie brauchen

halb mit Sand gefüllte Schüssel

zwei Kochtöpfe oder Doppeltopf

Thermometer

Holzstab, der etwas länger ist als der Durchmesser der Schüssel

Bandmaß

Wachskügelchen

Wachsfarbe

Wasser

Docht für 1–1 1/2 cm Kerzendurchmesser

Alufolie

1. Schritt
Feuchten Sie den Sand an und bilden Sie darin Mulden von etwa 5 cm Tiefe und 5 cm Durchmesser. Diese Mulden müssen nun mit Alufolie ausgelegt werden.

2. Schritt
Mit Hilfe des Holzstäbchens wird der Docht genau in der Mitte über die Mulde gehängt, so dass er unten den Boden berührt. Nun das Wachs und Farbe auf 82 °C erhitzen. Wachs in die Mulde gießen. Achten Sie darauf, dass der Docht in der Mitte bleibt. Kalt werden lassen.

3. Schritt
Nach dem Abkühlen nehmen Sie die Kerze aus dem Sand und ziehen die Alufolie langsam ab.

Variante
Experimentieren Sie mit verschiedenen Farben und Kerzengrößen. Mit einer Kombination aus mehreren Kerzen erzielen Sie eine sehr dekorative Wirkung.

Improvisierte Gussformen

Sie müssen nicht unbedingt Gussformen kaufen, um attraktive Kerzen herstellen zu können. Schauen Sie sich einmal in Ihrem Haushalt oder im Garten um – es eignen sich mehr Gegenstände als Gussform, als Sie sich vorstellen, und das Ergebnis ist oft phantastisch! In dieser Anleitung verwenden wir z. B. einen Blumentopf aus Ton.

Sie brauchen

zwei Kochtöpfe oder Doppeltopf

Thermometer

Blumentopf mit etwa 7–8 cm Durchmesser

Wachskügelchen

Wachsfarbe

Docht für 2 cm Kerzendurchmesser

Duftstoffe und Farben nach Belieben

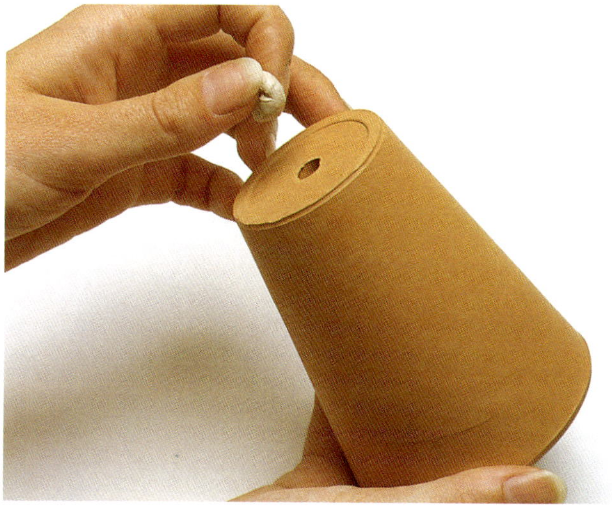

1. Schritt
Die meisten Blumentöpfe haben im Boden ein Loch. Dieses verschließen Sie als Erstes mit Kitt.

2. Schritt
Gießen Sie eine Kerze im Blumentopf (s. Anleitungen im Kapitel 4). Sie können nach Belieben einen Duftstoff hinzufügen.

3. Schritt
Nun wird der Blumentopf außen mit bunten Acrylfarben bemalt. Dabei sind Ihrer Phantasie keine Grenzen gesetzt. Es wirkt auch gut, wenn der Blumentopfrand mit Paketschnur umwickelt wird.

Variante
Blumenttöpfe sind natürlich nicht die einzigen Gegenstände, die Sie zu Kerzengussformen zweckentfremden können. Beachten Sie bei Ihrer Suche jedoch, dass das Material der Gussform die Temperatur des flüssigen Wachses verträgt. Als Faustregel gilt, dass das Material kochendes Wasser aushalten muss, ohne sich zu verformen oder zu springen. Auch dürfen keine Löcher darin sein, durch die das Wachs lecken könnte. Oben sollte eine Form größer sein als unten – sonst können Sie die Kerze später nicht herausziehen!

Ein leeres Tetrapack ist eine ideale Gussform. Es ist dicht und wandert nach Gebrauch einfach in die Mülltonne (nicht in den gelben Sack!).

Besonders geeignet sind Jogurtbecher, die Sie mehrmals verwenden können. Bei großen Bechern (500 ml) nehmen Sie am besten zwei Dochte. Dann können Sie die fertige Kerze leichter herausziehen. Die brennende Kerze wirkt besonders interessant.

KAPITEL 7

Arbeiten mit Bienenwachs

Bienenwachs wird schon seit Jahrhunderten zur Kerzenherstellung verwendet. Es hat nicht nur eine kulturelle, sondern auch eine religiöse Tradition. Bienenwachs ist ein echtes Naturprodukt – die Farbe variiert zwischen braun, honigfarben und weiß, der Duft ist angenehm, es verbrennt sparsam und rußt nicht.

Bienenwachs wird entweder in Platten oder kleinen Blöckchen verkauft.

Bienenwachs war und ist noch immer ein teures Material. Im Mittelalter konnten sich nur Reiche echte Bienenwachs-Kerzen leisten. Man kannte die Gusstechnik noch nicht und formte alle Kerzen daher manuell. Dadurch waren auch die Produktionskosten hoch. Kerzenmacher konnten ihren Zehnten an die Kirche statt in Geld auch in Form von Kerzen entrichten. Die heutigen Kirchenkerzen enthalten nur etwa 25 % Bienenwachs; der Rest sind andere Wachse. Dadurch wird auch die Brenndauer erhöht.

Bienenwachs gibt es in verschiedenen Handelsformen und Farbtönen. Bienenwachs in Wabenplatten ist die Grundlage für die folgenden Anleitungen. Die fertigen Kerzen duften nicht nur angenehm und sehen schön aus, sondern lassen sich auch weiter verzieren, so dass sie besonders edel wirken.

Statt mit Schmutz und Gift wollen wir unser Heim lieber mit Honig und Wachs füllen. Diese geben den Menschen die beiden vornehmsten Dinge: Süße und Licht.

Jonathan Swift, Aufgedeckte Fälschung

Gerollte Bienenwachs-Kerzen

Sie brauchen:

Bienenwachs in Wabenplatten-Form

vorbereiteten Docht

1. Schritt
Erwärmen Sie das Bienenwachs über einem Heizkörper oder mit dem Fön auf der kleinsten Stufe. Es wird dadurch biegsamer und leichter zu verarbeiten. Bienenwachs wird sehr schnell warm, achten Sie darauf, dass es nicht zu schmelzen beginnt!

2. Schritt
Legen Sie das Bienenwachs auf eine saubere, harte und ebene Arbeitsfläche, z. B. den Küchentisch. Nun wird der Docht an einer Seite angesetzt, wobei er genügend weit überstehen muss.

3. Schritt
Rollen Sie jetzt das Bienenwachs eng um den Docht auf.

4. Schritt
Zum Schluss drücken Sie mit den Fingerspitzen den Rand an der Kerze fest. Durch das Wabenmuster bleibt der Rand gut haften.

Abgestufte Bienenwachs-Kerze

Diese Anleitung beschreibt eine interessante Variante der gerollten Kerze.

▪ ▪ ▪

Sie brauchen

scharfes Messer

Lineal

Bienenwachs in Wabenplatten-Form

Docht

1. Schritt
Mithilfe des Lineals zerschneiden Sie das Bienenwachs diagonal.

2. Schritt
Legen Sie den Docht nun an die der Ecke gegenüberliegende Seite des ausgeschnittenen Wachs-Dreiecks; er sollte 2–3 cm überstehen.

3. Schritt
Nun rollen Sie das Wachs dicht um den Docht auf. Achten Sie darauf, dass der Kerzenboden gerade bleibt.

4. Schritt
Das Ende des aufgerollten Wachses wird zum Schluss fest an die Kerze angedrückt.

Verzieren von Wabenkerzen

In den beiden vorigen Anleitungen zeigten wir, wie Kerzen aus Bienenwachs schnell und einfach hergestellt werden können. Wenn Sie die Wachsplatten zerschneiden oder verschiedene Schichten übereinander rollen, erreichen Sie jede beliebige Kerzengröße.

■ ■ ■

Bienenwachs-Kerzen wirken für sich schon elegant. Wir können sie aber auf verschiedene Arten noch zusätzlich verzieren. Dabei sollten Sie mit verschiedenen Farben, Materialien und Größen experimentieren. Die so geschmückten Kerzen sind originelle Geschenke für Ihre Freunde und Bekannten!

Dabei sind Ihrem Einfallsreichtum kaum Grenzen gesetzt. Diese Anleitung soll Ihnen nur ein paar Ideen vermitteln, z. B. können Sie verwenden:

1. **Baststränge und getrockneten Lavendel**
2. **Bänder und Blätter**
3. **Gewürznelken**
4. **Bienenwachs in kontrastierenden Farben**

Am besten können Sie Zierelemente an Ihren Kerzen mit Bindfaden oder Bändern, aber auch mit kleinen Nadeln befestigen.

DENKEN SIE DARAN: BEVOR SIE EINE KERZE ANZÜNDEN, BITTE ALLE BRENNBAREN GEGENSTÄNDE AUS IHRER NÄHE ENTFERNEN!

KAPITEL 8

Techniken für Fortgeschrittene

Nachdem Sie nun die verschiedensten Grundtechniken kennen, haben Sie sicher schon so viel Erfahrung in der Kerzenherstellung, dass Sie sich an schwierigere Techniken wagen können.

Oft genügen vielleicht die bisherigen Anleitungen, um alle ihre Kerzenideen zu verwirklichen. Vielleicht möchten Sie aber auch ein paar Techniken für Fortgeschrittene kennenlernen, die auch spezielle Werkzeuge und Materialien erfordern.

Damit ist die Herstellung komplizierterer Kerzen nicht nur weniger zeitaufwändig, sondern die Kerzen wirken ausgesprochen professionell.

Wir haben Ihnen schon gezeigt, wie Sie verschiedene Gegenstände aus Ihrem Haushalt wie z. B. Blumentöpfe und leere Verpackungen als Kerzengussformen zweckentfremden können. Vielleicht wollen Sie nun auch einmal versuchen, eine eigene Gussform herzustellen. Dazu soll Ihnen die folgende Anleitung ein paar Anregungen geben.

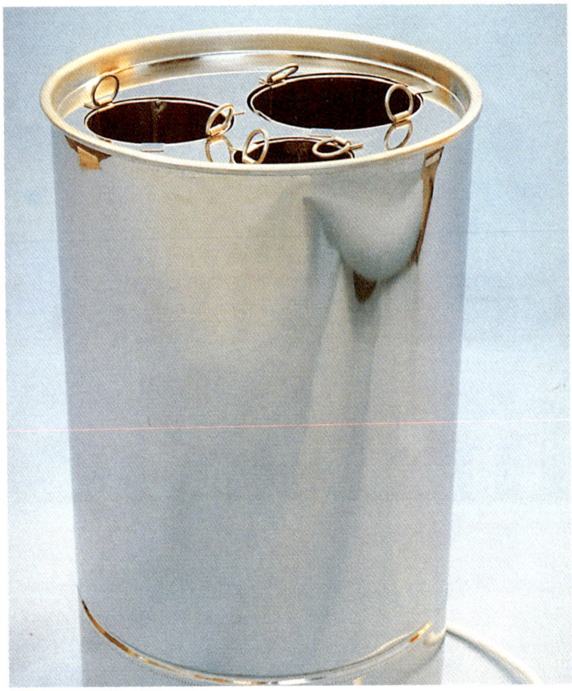

Tauchvorrichtung

Von Ihren Versuchen mit der Tauchtechnik wissen Sie, dass Sie vor jedem Farbwechsel das alte Wachs entfernen und dann praktisch alles wiederholen müssen. Der gut sortierte Fachhandel bietet spezielle Tauchgefäße an. Es handelt sich im Wesentlichen um einen größeren Kessel, in den mehrere kleine Tauchgefäße passen. Der Kessel wird elektrisch geheizt, wodurch das Wachs in den kleinen Tauchgefäßen schmilzt. Diese Tauchvorrichtung ist ein sehr nützliches Gerät, wenn Sie eine Kerze in verschiedenfarbige Wachse tauchen möchten.

Wachsboiler

Wenn Sie viele Kerzen machen, leistet Ihnen ein Wachstopf gute Dienste. Er ist allerdings nicht ganz billig. Es sind Modelle mit einem Fassungsvermögen bis zu 100 kg Wachs erhältlich. Sie sind wohl eher etwas für Profis. Durch eine Thermostatsteuerung wird ein Überhitzen vermieden. Das Wachs wird aus einem Hahn „gezapft".

Gießgefäße

Ebenfalls sehr hilfreich sind Gießgefäße in verschiedenen Größen mit einer Schnute. So vermeiden Sie, dass Wachs beim Ausgießen der Gussformen danebenfließt.

Herstellung eigener Gussformen

Sicher haben Sie schon einmal daran gedacht, selbst Gussformen herzustellen.

Vielleicht haben Sie einen Gegenstand, von dem Sie gerne ein Kerzenabbild machen möchten.

Oder Sie wollen eine ganz individuelle Kerzenform kreieren. Am besten stellen Sie dann

eigene Gussformen aus flüssigem Latex her, das im Fachhandel erhältlich ist.

Damit können Sie dann ihre eigenen Gummi-Gussformen kreieren.

■ ■ ■

SIE BRAUCHEN

Pinsel
flüssiges Latex
Knetmasse/zweiseitiges
Klebeband

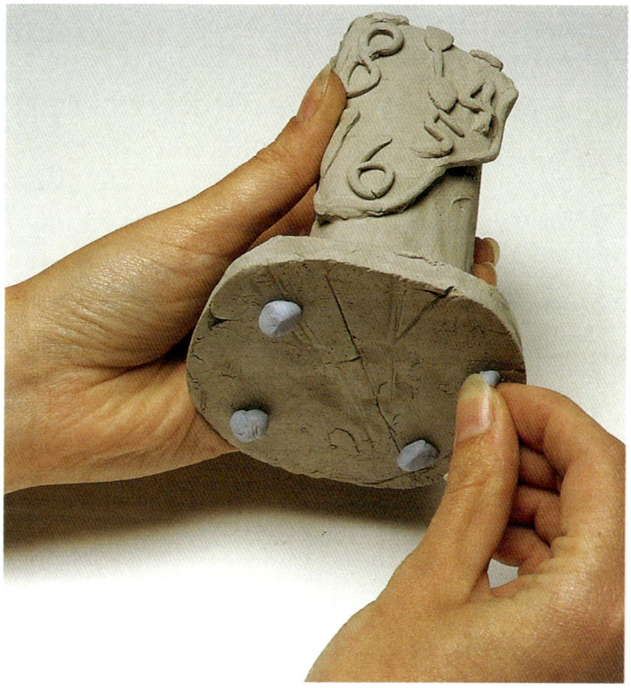

1. Schritt
Kleben Sie Ihren Gegenstand mit Knetmasse oder zweiseitigem Klebeband auf eine glatte Oberfläche.

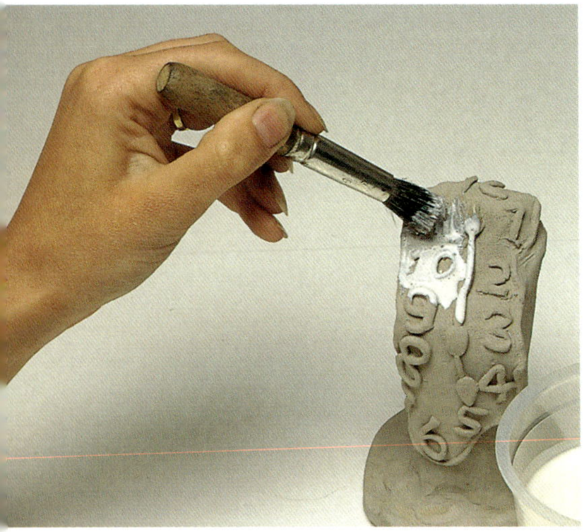

2. Schritt
Nun tauchen Sie den Pinsel in flüssiges Latex und bestreichen die Oberfläche der Vorlage. Achten Sie darauf, dass das Latex in alle Vertiefungen dringt. Zusätzlich zu der ganzen Oberfläche sollte noch ein 5 cm breiter Rand rund um die Unterkante mit Latex bestrichen werden.

3. Schritt
Flüssiges Latex erhärtet an der Luft. Je dünner die Schicht ist, desto schneller trocknet es. Tragen Sie so viele Schichten auf, bis die Latexform etwa 2 mm dick ist.

4. Schritt
Mit Spülmittellösung können Sie nun die Form abpellen. Nun muss sie gesäubert und abgetrocknet werden und mindestens 72 Stunden bei Zimmertemperatur trocknen.

Ein paar nützliche Tipps

Wenn ein Gegenstand tiefe Einschnitte oder Löcher hat, eignet er sich nicht als Kern für eine Gussform, da er später nicht mehr entfernt werden kann.

Verwenden Sie nur kleinere Gegenstände. Eine zu große Gussform würde sich verziehen, sobald Wachs hineingegossen wird.

Berühren Sie bei der Herstellung der Gussformen nicht die einzelnen Latexschichten, da sie dann nicht mehr gut aneinander haften.

Vermeiden Sie Vorlagen aus Metall, da es mit dem Latex chemisch reagieren könnte.

Modelle aus unbemaltem und unbehandeltem Gips sind am besten als Gussvorlage geeignet.

Dünne, selbst gemachte Gussformen halten nicht so lange wie gekaufte.

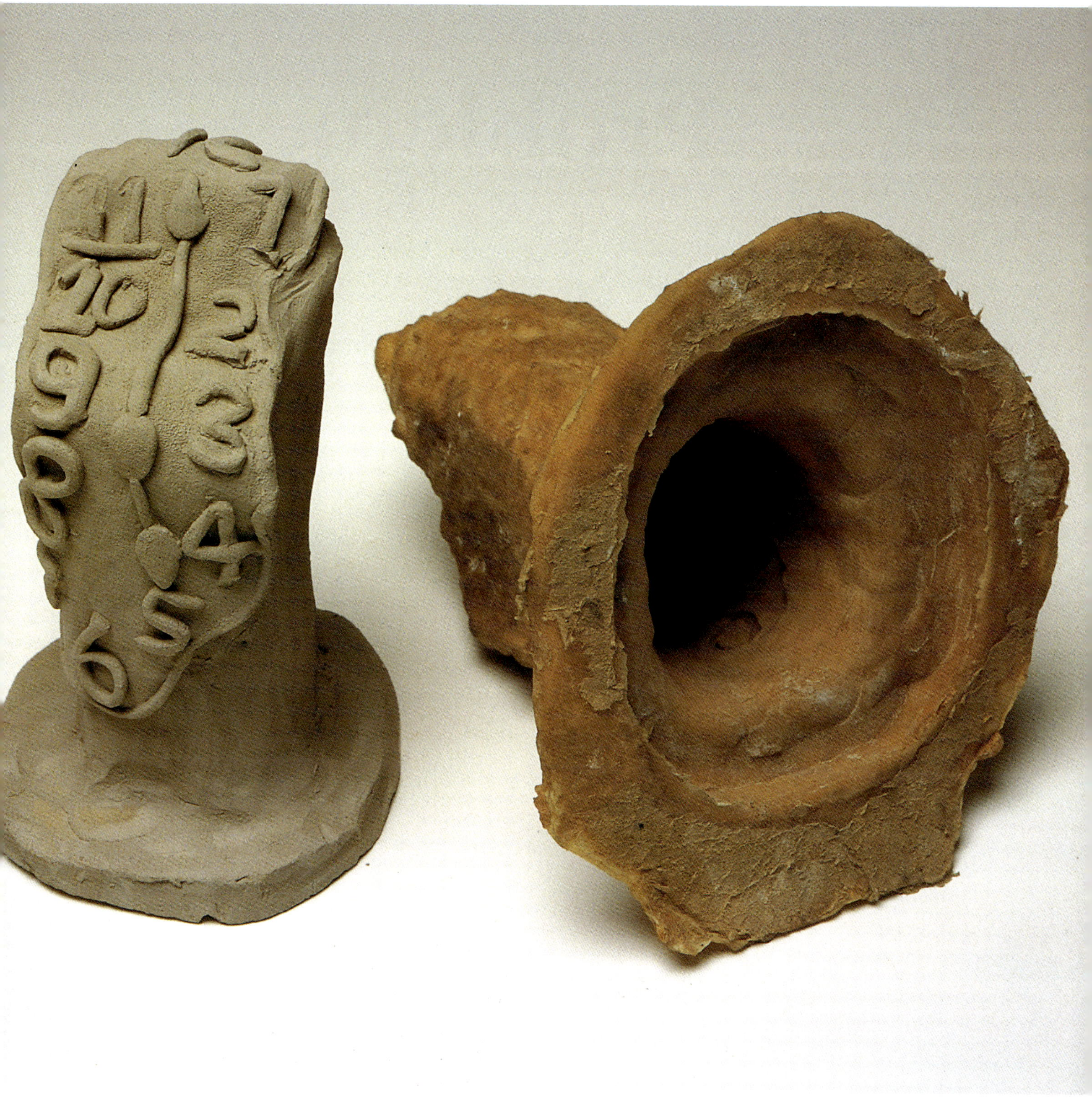

Kapitel 9

Probleme

Was beim Arbeiten mit Gussformen zu beachten ist

Wenn Sie beim Entfernen der Kerze aus der Gussform Schwierigkeiten haben, stellen Sie sie 10–15 Minuten in die Gefriertruhe. Das Wachs zieht sich dann so weit zusammen, dass die Kerze nach einem leichten Schlag aus der Form rutscht.

Silikonspray oder ein anderes Trennmittel ist zwar nicht billig; trotzdem sollten Sie es vor dem Gießen in die Form sprühen. Dann rutscht die Kerze später leichter heraus und die Form bleibt sauber.

Halten Sie die Gussformen immer sauber. Vermeiden Sie Kratzer, die Sie sonst auf jeder gegossenen Kerze sehen würden.

Gussformen aus Metall können gereinigt werden, indem man sie einige Minuten auf die Herdplatte oder in den Backofen stellt und anschließend mit einem Lappen sauber reibt. Gussformen aus Zinn und Blei haben einen sehr niedrigen Schmelzpunkt – erhitzen Sie sie also nicht zu stark!

Wenn Sie Gussformen aus Gummi verwenden, werden Sie feststellen, dass sie sich mit der Zeit ausdehnen und Ihre Kerzen immer größer werden. Sie können diesen Prozess durch kaltes Wasserbad zwar verzögern, aber nicht stoppen. Durch die Hitze dehnen sie sich immer weiter und zerfallen irgendwann.

Achten Sie beim Docht-Durchziehen und beim Entfernen der Kerze aus einer Gummiform darauf, dass Sie keine Löcher hineinstoßen.

Verwenden Sie bei Gummiformen immer eine Spülmittellösung, um das Herausnehmen der Kerze zu erleichtern.

In eine Gussform aus Gummi dürfen keine Knicke kommen, sonst würde das heiße Wachs dort eine Bruchstelle verursachen. Wenn Ihnen eine Gussform knickt, müssen Sie die Stelle vorher wieder vollständig glätten.

Häufige Probleme

Wachs ist um den Kerzenboden herum ausgelaufen.

Raue Kerzenoberfläche

Um den Kerzenboden hat sich eine dünne Wachsschicht gebildet

Es wurde zu viel Wachs nachgefüllt, so dass einiges zwischen Kerze und Gussform lief. Schneiden Sie die Tropfstellen ab und polieren Sie die Stelle mit einem Nylonstrumpf.

Die Kerze hat eine raue Oberfläche

Das Wachs war beim Eingießen wahrscheinlich zu kalt.

Luftbläschen

Weiße Linien zwischen den Farben

Unter der Kerzenoberfläche sind Luftbläschen sichtbar

Die Kerzenform wurde vor dem Erkalten im Wasserbad nicht genügend geklopft. Möglicherweise haben Sie das Wachs auch zu schnell hineingegossen.

Auf einer mehrfarbigen Kerze sind an den Farbgrenzen weiße Linien zu sehen

Das jeweils später hineingegossene Wachs war nicht heiß genug.

Beim Erhitzen zischt das Wachs

Das Wachs enthält Verunreinigungen oder Wasser. Werfen Sie das Wachs fort und prüfen Sie das restliche Wachs.

Auf dem Wachs bildet sich Schaum
Siehe vorigen Tipp. Entfernen Sie den Schaum mit einem Löffel.

Um die Kerze herum verläuft eine dünne Linie
Das kalte Wasserbad zum Abkühlen war vielleicht nicht so hoch wie das Wachs in der Gussform.

Die Oberfläche wird beim Tauchen uneben
Entweder war das Wachs beim Tauchen zu kalt oder der erste Tauchvorgang ging zu schnell. Glätten Sie die Unebenheiten, solange das Wachs noch warm ist, und wiederholen Sie den Tauchvorgang.

Die Kerze bleibt in der Gussform stecken
Vergewissern Sie sich zuerst, ob der Gusskitt entfernt ist. Wenn das der Fall ist, haben Sie das Stearin in der Wachsmischung vielleicht nicht genug erhitzt. Stellen Sie die Kerze 20 Minuten lang in den Kühlschrank oder in heißes Wasser. Dann rutscht sie leichter heraus.

Die Gummiform lässt sich nicht abpellen
Nehmen Sie mehr Spülmittellösung. Vielleicht ist die Form beschädigt oder der Zersetzungsprozess hat bereits begonnen.

Die Kerze lässt sich nicht anzünden
Stellen Sie sicher, dass am Docht keine Gusskittreste sind. Haben Sie den Docht nach der Anleitung auf S. 21/22 präpariert? Falls nicht, drehen Sie die Kerze auf den Kopf und zünden Sie sie dann an.

Die Kerzenflamme ist zu groß
Vielleicht ist der Docht für die Kerze zu dick oder er muss auf ca. 6 mm gekürzt werden.

Bruchstellen im Wachs

Die Kerze zischt beim Abbrennen
Das passiert oft bei Wasser- oder Eiskerzen. Wahrscheinlich ist Wasser in das Wachs gelangt. Blasen Sie die Kerze aus und kippen Sie das geschmolzene Wachs ab. Zünden Sie sie wieder an. Wenn sie immer noch zischt, werfen Sie sie fort.

In der Kerze sind Bruchstellen
Die Kerze war beim Nachgießen von Wachs schon zu weit abgekühlt.

Die Kerzenflamme ist zu klein
Entweder ist der Docht zu dünn oder Verunreinigungen im Wachs „verstopfen" den Docht. Machen Sie eine neue Kerze mit dickerem Docht.

Die Kerze brennt ungleichmäßig
Vielleicht zieht es? Liegt der Docht auch genau in der Mitte der Kerze?

In das Wachs dürfen weder Wasser noch Fremdstoffe gelangen.

Eine gleichmäßige Flamme kann leicht erreicht werden.

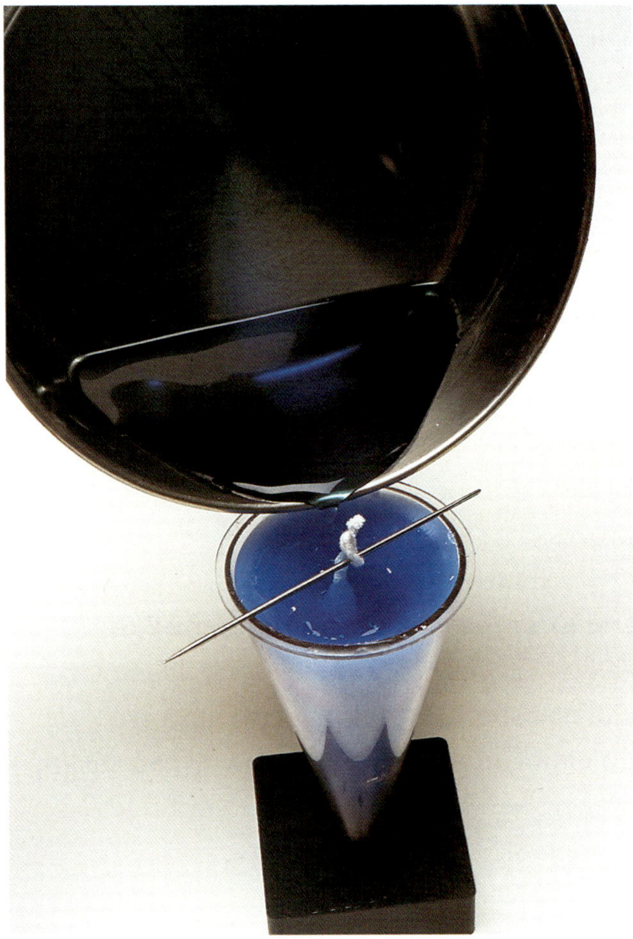

Lassen Sie die Kerze nicht zu kalt werden, bevor Sie Wachs nachgießen.

Bedenken Sie: Wenn Sie verschiedenfarbige flüssige Wachse mischen, entsteht fast immer nur eine braune Mischfarbe!

Achtung

Lassen Sie brennende Kerzen nie ohne Aufsicht!

■

Stellen Sie brennende Kerzen nie in Reichweite von kleinen Kindern, Haustieren und in einen Luftzug!

■

Zierkerzen können sehr unberechenbar abbrennen.

■

Entfernen Sie alle brennbaren Gegenstände in der Nähe einer Kerze, bevor Sie sie anzünden.

■

Im Zweifelsfall: ausblasen!

Glossar

Bienenwachs – natürliches Wachsprodukt

Docht – Dochtlänge und -dicke müssen vor der Herstellung einer Kerze genau beachtet werden, damit die Kerze später gut brennt.

Dochtnadel – Mit ihrer Hilfe wird der Docht vor dem Gießen der Kerze durch eine Gussform gezogen.

Dochtpräparierung – Vor der Verarbeitung muss der Docht mit Wachs präpariert werden, damit die Kerze später gut brennt.

Duftstoffe – Zusatzstoffe zum Wachs, meist aus aromatischen Ölen, die beim Abbrennen der Kerze einen angenehmen Duft erzeugen

Effektwachse – Diese Wachse erzeugen beim Erkalten eine ganz spezielle Oberflächenstruktur. Sie sind im gut sortierten Fachhandel erhältlich.

Ein- und Ausgießtechnik – Durch mehrmaliges Eingießen des Wachses in eine Form und darauf folgendes Abgießen eines Teils des Wachses können beim Kerzengießen spezielle Effekte erzielt werden.

Gießgefäße – Es gibt spezielle Gießgefäße für Wachs, die das Formengießen erleichtern und besonders bei größeren Wachsmengen sehr nützlich sind.

Gussformen – Formen, in die flüssiges Wachs gegossen wird, um eine bestimmte Kerzenform zu erzielen. Es gibt Gussformen in verschiedenen Materialien, Größen und Formen.

Gusskitt – Kitt-ähnliche Substanz, mit der der Docht fixiert wird und Öffnungen in Gussformen verschlossen werden können

Hitzequellen – Am besten eignen sich Campingkocher und kleine Herdplatten. Vorsicht: Zu heißes Wachs kann Feuer fangen!

Latex – Flüssige Gummi-ähnliche Substanz, mit der Sie eigene Gussformen herstellen können

Paraffin – Nebenprodukt bei der Erdölraffinierung, billige und viel verwendete Wachsart

Pigment – wird bei der Tauchtechnik verwendet. Es ist intensiver als Wachsfarbe und hat eine starke Leuchtkraft.

Silikonspray – wird als Trennmittel verwendet, damit sich die fertigen Kerzen leichter aus Gussformen aus Metall und Glas lösen lassen

Stearin – Wachsart. Es wird Paraffin und Bienenwachs beigemischt, damit sich das Wachs einer gegossenen Kerze zusammen-

Verwenden Sie spezielles Tauchwachs, um elegante Tafelkerzen zu ziehen.

zieht und diese so leichter aus der Gussform rutscht. Als Beimischung verstärkt es auch die Farbintensität, vermindert das Tropfen brennender Kerzen und verbessert die Brenneigenschaften. Für Gussformen aus Gummi nicht geeignet.

Talg – wurde seit der Römerzeit bis ins Mittelalter als „Wachs der armen Leute" verwendet. Er brennt schlecht und rußig.

Tauchgefäß – hohes zylindrisches Gefäß aus Metall für flüssiges Wachs, verwendet bei der Tauchtechnik

Tauchtechnik – Technik, bei der Kerzen durch Eintauchen in Wachs eine zusätzliche Wachsschicht, z. B. in einer anderen Farbe, erhalten

Tauchvorrichtung – elektrisch beheiztes Tauchgefäß für die professionelle Herstellung, besonders nützlich bei gleichzeitiger Verwendung mehrerer Wachsfarben

Tauchwachs – Mischung aus Harzen und Wachsen, mit der ein harter, glänzender Wachsüberzug erzielt wird

Thermometer – Die Verwendung eines speziellen Wachsthermometers ist sehr sinnvoll.

Tischkerzen – schmale, lange Kerzen, die gezogen und getaucht wurden

Vergoldungswachs – Spezialwachs, meist in Tuben verkauft, das sich mit den Fingern auf eine Kerze auftragen lässt und so besondere Effekte erzeugt

Wachserhitzer – elektrisches Heizgefäß für größere Mengen Wachs für die professionelle Verwendung

Wachsfarbe – Mischung aus Farbstoff und Stearin in fester Form, die zum Färben von Kerzenwachs verwendet wird

Wasserbad – Mit zwei Kochtöpfen, die ineinander gestellt werden, lassen sich auf einfache Weise heiße Wasserbäder zum Schmelzen von Wachs und kalte Wasserbäder zum Abkühlen von Kerzen machen.

Paraffinkügelchen sind einfach zu verarbeiten.

Register

Danksagung

Die Autoren danken den folgenden Firmen für Materialien zu den Anleitungen:

E. H. Thorne (Beehives) Ltd, Lincolnshire (Bienenwachs und Ausrüstung für die Kerzenherstellung)

Rodwins, London (Materialien für Kerzen und Kunsthandwerk)

Haynes and Finch, Liverpool (Dochte)

Dussek Campbell Ltd, Lancashire (Wachse)

The Banana Candle Firm, London (Gussformen für Kerzen in Früchteform)